穿越时空，与孔子对话

孙中兴/著

北京时代华文书局

图书在版编目（CIP）数据

穿越时空，与孔子对话 / 孙中兴著 . -- 北京 : 北京时代华文书局 , 2019.3
ISBN 978-7-5699-0466-6

Ⅰ . ①穿… Ⅱ . ①孙… Ⅲ . ①孔丘（前 551—前 479）—人物研究　Ⅳ . ① B222.25

中国版本图书馆 CIP 数据核字 (2019) 第 033018 号

北京市版权著作权合同登记号　字 : 01-2018-8423

穿越时空，与孔子对话
CHUANYUE SHIKONG, YU KONGZI DUIHUA

著　　者 | 孙中兴

出 版 人 | 王训海
选题策划 | 爱智达人
责任编辑 | 徐敏峰
装帧设计 | 棱角视觉
责任印制 | 刘　银

出版发行 | 北京时代华文书局 http://www.bjsdsj.com.cn
北京市东城区安定门外大街 136 号皇城国际大厦 A 座 8 楼
邮编 : 100011　电话 : 010 - 64267955　64267677
印　　刷 | 北京环球画中画印刷有限公司 电话 : 010-63706888
(如发现印装质量问题，请与印刷厂联系调换)
开　　本 | 880mm×1230mm　1/32　印　　张 | 7.25　字　　数 | 110 千字
版　　次 | 2019 年 5 月第 1 版　印　　次 | 2019 年 5 月第 1 次印刷
书　　号 | ISBN 978-7-5699-0466-6
定　　价 | 48.00 元

化成整体生命智慧

作者序

差点遗忘的召唤

今年六十，晋升“花甲老人”，刚有几本书都等着出版。《韦伯〈儒教与道教〉的前世、今生与转世》其实准备了三十几年，终于完稿。《论语日记》完全是个近年的意外，业已出版；而这本根据我的《孔子——社会学的研究》课程所编写的书，则可以说是一场差点被遗忘的召唤。这本怎么看都不像是个念社会学的人会写的书，就这么轻轻地、悄悄地从一门课程和录像，变成了一本书。

我当初教这门课，不是为了尊孔，也不是为了赶时髦（在大陆也许可称得上时髦，在台湾则是逆流而行吧），而是把我“圣哲社会学”所教的五位世界文明宗师（依出生序：佛陀、孔子、苏格拉底、耶稣和穆罕默德），抽出我最熟悉的孔子来单独当成一门课。我遵循的还是对每一位文明宗师的一贯研究方法，我认为这是知识社会学的架构：相关文献的探讨、生平与著作、主要思想和处世行为，以及身后的影响。原来只有这样而已，没有出书的计划，也没有后来发生的事。

这一切如果要找个头绪，应该回到我中学二年级下学期，从南投转来台北读书的时候。有一天，在南岗初中教我英文、如师亦如兄的陈中庸老师来台北，带我去见他口中的“老亲王”，开展了我拜在爱新觉罗·毓鋆老师“天德黉舍”长长的故事。

特别是我在1975年7月2日，当时称为“大专联考”第二天刚结束的晚上，开始了我“天德一生”的四年生涯，以及日后每年大年初一早上拜年的例行活动，直到老师于2011年过世为止。入黉舍读书，第一年都要先受到《四书》的熏陶，否则不能躐等学习其他中国古代经典。后来的四年里，我要是没在谈恋爱或失恋，大概每周都有一个晚上坐在黉舍里，完全没想到跟老师学到的这些经典和我这个学社会学的人将来有什么关系。我的笔记也记不好，老师说的话忘了很多，到现在还记得老师音容的部分，都是他说的那些我也能朗朗上口的话，还有他的一些口音、表情和动作。

我的“圣哲社会学”恐怕受到韦伯—雅斯贝尔斯这一路的影响还大些。雅斯贝尔斯提出“枢轴（轴心）时代”的观念，把佛陀、孔子、苏格拉底和耶稣相提并论。我在课程中多加了一个穆罕默德，虽然他的时代和其他四位相去甚远，但作为一个文明的宗师应该是不遑多让的。可是我实在不满意雅斯贝尔斯的单薄内容，所以就从上面提到过的几个角度来研究这几位“圣哲”。站在五十年后雅斯贝尔斯的肩膀上，我要看的书更多，事情就没有想象中容易了。孔子算是我最能得心应手的，就这样，我又回到了孔子的手掌心。可是和后来的事情比起来，这些都还不是什么要紧的。

2011年3月20日，老师过世。在告别式上，看着学长整理好的录像带，再度听到老师熟悉的谆谆教诲："你们到底有没有好好读一本书？"我竟然震撼、羞愧到觉得这是在说我自己。

2013 年，也是 3 月，久未联络的陈明哲学长在北京清华大学经管学院第四期国学班有课程，邀我去给那一班学生演讲。因为在曲阜，所以我这个当时从来没有踏上过大陆的人，终于有了个最好的"说法"。那时候，我已经开过孔子的课，也做过"孔子的笑与幽默"的演讲，就把同样的题目拿去和大陆同学分享。

到曲阜的第二天，主办单位就安排了一次祭孔典礼。我穿上汉服，照了一张到今天都还很喜欢的相，在孔庙的杏坛上默默看着整个典礼的进行。下午，我又自己逛了孔府、孔林和颜庙。3 月天寒，游客不多，我站在孔子坟前行了三鞠躬礼，心中满满的复杂情绪，感觉毓老师也在那里。孔子无言，毓老师也无言。我傻傻地一个人在孔子坟前站了很久。

于是，我开始真正好好地读《论语》，后来也因缘际会在网络上每天写《论语日记》，寄给两岸的朋友。孔子课就这样增补了好多内容，把课程录像放上网，供天下有兴趣的人观赏。我也在课堂上希望同学不要再抄写老掉牙的孔子思想研究的学期报告，改为思考怎样把孔子的生平和思想文创化。那一期的学生的分组报告都很精彩，我印象最深刻的是两组同学分别设计了孔子周游列国的桌游。

我也在课堂上提过自己的奇想：每年孔子诞辰的下午可以让民众自由演出孔子的故事，让表演者选出一段他们感兴趣的孔子生平故事，然后在孔庙前演出，把孔子成长的励志故事，借由孔子生日和孔庙的场域，让更多人受益。纪念孔子要与时俱进，才能可大可久。

我也开展了几项个人的孔子活动：一个是逛孔庙。台湾地区各地的孔庙也在这几年间几乎逛遍，我特别注意其中东西庑从祀人物不一致的问题。大陆之行则往往要求主办方能安排附近孔庙之旅，也获得朋友协助，所以著名的孔庙我也一一参访完毕。现在连朋友到各地碰到孔庙，也会拍照让我存证。二是每天抄写《论语》，钢笔每天抄一章，小楷毛笔则是几天抄数章，后来加上朋友帮忙制作的“论语日记”微信公众号，每天早上三箭齐发，送给两岸的朋友。三是收集小型孔子像和相关文具（扇子、书签和钢笔），好像无形中变成了失控的“孔子控”。第四则是我发起、进行了四年多的周六下午“论语读书会”。

这本书依然是出版我的《学着，好好爱》和《学着，好好分》的编辑传欣策划的，找了吴孟芳小姐执笔。编辑过程中，传欣很认真地找出几点和我讨论，我也更正了一些讲课时没有说清楚的部分。在此，我要特别感谢她们的辛劳和付出，因为她们根据的都是我课堂内容和讲义，而且出书前我也认真看过一遍，所以如果有错误的话，我是那个该负责任的人。至于孔老夫子自己讲的话，责任则不在我。

只是，出书在即，我真的很好奇：这本不合时宜的书能带来一片云彩吗？

写在前面

孔子与你

这本书是我在台大所教授的《孔子——社会学的研究》的课堂集结。坦白说，平常开设的课程像是《爱情社会学》等，几乎堂堂会爆满，唯独这门关于孔子的课不仅不会满，甚至只有十几位学生选修。有趣的是，这十几个学生还是因为抢不到我的其他课程，最后抱持“无鱼虾也好”的心态选择了孔子。

这么说起来，孔子好像不敌爱情。

所以，当出版社提议要把这堂课的内容集结成书时，我一方面是惊讶，一方面也很佩服出版社的勇气，尤其在台湾近几年的环境并没有鼓励大家去亲近孔子、了解孔子。现在的学生似乎对孔子一点兴趣也没有，提到孔子只觉得很传统。“传统”常常不是个好字眼，说你这个人太传统了，这句话向来不是赞美，是觉得你落伍、跟不上时代的、没有用了……但传统基本上要经历好几代人才能形成，你知道从孔子的时代到现在，经过了多少政权？可是那些政权都不在了，只有孔子还在。

我想，就连孔子在他活着的时代也预料不到自己的力量会那么大，可惜现在大部分的人对孔子是普遍的无知；我并不是在替孔子宣传，只是希望能够把孔子看作一个“人”，一个历史上活过的人，好好地看看历史上有没有什么记载？别人的偏见是怎么养成的？孔子又是怎么养成的？以及最重要的是，我们还能从他身上学到什么？

你可能觉得孔子讲的很多东西都落伍了，有些东西确实应该是落伍的，但他的概念或精神是不落伍的。经过那么长的时间，孔子的思考、想法还是跟大部分人的基本问题息息相关；如果只从时间的角度看待孔子，认定他是一个落伍的人，可能你丧失智慧的机会要大于得到智慧的机会。

而我的内容也有别于一般人文学科的研究取向，着重在社会学的角度与观点。我不是只在乎思想本身，更在乎的是"人"的关系，毕竟我不是历史学家、文学家或其他的不管什么家，大概只称得上是老人家。另外，书中关于孔子的主要思想，我也不从传统的立场来解释，而是着重在社会学强调的人际关系，譬如孔子的生活。过去很少人讨论孔子的家庭生活，甚至还有网络谣言说孔子休妻啊，究竟孔子有没有休妻？为什么会流传孔子休妻？孔子跟小孩的关系如何？这些都是我会提到的。还有，孔子一天到晚教我们关于交朋友的事情，那他有没有朋友呢？毕竟提到一个思想家，怎么能只讲他的思想，不讲他的生活？

所以，这本书不是要让你崇拜孔子或者诋毁孔子，而是能平心静气地了解这个人，不带偏见地去看、去思考。我也希望这本书对你的生活是有帮助的，对你的生命更有帮助，希望你知道自己来到这世间，不是来做一个配角——你是自己的主角，有自己的主场戏，那么这一生，你想成为什么样的人？

目录

壹

1

走近孔子
——他生活的时代

子曰

“务民之义，
敬鬼神而远之，
可谓知矣。”

圣哲诞生的时代

——孔子之前的大我脉络

很多研究孔子的书或课程，蹦一下就进入孔子的生平，叫什么名字啊、出生在什么时代啊……但我觉得在探究孔子生平之前，需要好好地把孔子出生以前，包括他生活的时代背景了解一下。因为这本书讨论的孔子是从社会科学的立场出发，从社会科学发展出来的观念可以帮助我们更好地了解他。

关于孔子生活的历史背景，我们可以称它为“大我脉络”，而“小我”与“大我”的差别就在，小我是指孔子的生平，大我则是孔子生活的那个时代。

尤其，孟子说：“孔子之谓集大成。”（《孟子·万章下》）意思是孔子是一个集大成的人，可见有些话跟想法、观念并非孔子首创或发明的。所以要是没有先厘清大我脉络，很多人会以为他天纵英明，所有的想法都是他开始的，其实不是。如果我们不讲脉络的话，很容易误解孔子的想法都是他自己的想法，但有了历史背景和脉络的了解，才会发现他的思想有继承前人的部分，也有放弃的部分，还有一些是自己的创见，我想这样对于了解孔子的思想帮助比较大。

只是很不幸，所谓的历史其实都是“现代史”，都是后人用后来的观点、政治立场与意识形态来解释过去的事件，也才会有历史学家说："没有真实的历史，只有历史的真实。"所以读者在看这本书的时候，如果觉得我讲的跟你认为的不同，请不要先入为主地说我一定错，或者以为我一定对，你可以看看我用的证据是什么。

这也是为什么书中借重了很多前人的研究和古文资料，虽然不见得全都是事实，但起码都是依据。我从教学到现在因为讲话比较诙谐一点，后果之一就是很多人认为我讲的都是自己掰的。其实我很强调说话要有凭有据，所以列了很多古人的资料不是为了充字数啊，是要证明我有根据的！

根据记载，孔子生活的年代是从公元前 551 年到公元前 479 年，这段期间正是中国历史上的"春秋时期"。历史学家许倬云曾提到，春秋时期是公元前 722 年至公元前 464 年[①]，但别的书也有从公元前 770 年至公元前 476 年或 403 年等不同的说法，像本书第 28 页至 30 页依据翦伯赞主编《中外历史年表》绘制的"孔子出生前之中国大事年表"（见第 28 页"表 2"），就提到东周开始于公元前 770 年，而东周开始也代表着春秋时期的开始。

接下来，让我们从政治、文化、思想等方面，来看看春秋时期以前的社会环境与形貌，以建构、了解孔子生活时代的大我脉络。

谁得天下：政治

中国的古书都载有"三皇五帝"的传说，但传说最妙的地

---

① 许倬云《求古编》第 353 页，台北：联经出版事业股份有限公司，1984 年。

方在于三皇是谁，五帝又是谁？

东汉思想家王符的《潜夫论·五德志》说：“世传三皇五帝，多以为伏羲、神农为三皇……”你要不要掰手指算一下，不是两个人而已吗？还是说是伏或羲、神或农？那应该是四皇。我自己读书时一直疑惑这难道是打错字吗？

后面又说：“其一者或曰燧人，或曰祝融，或曰女娲。其是与非，未可知也。”所以是加上这三人的其中之一才是三皇？但这三个人也差得太远了吧？或是这三个人也是三皇？“其是与非，未可知也”，总之在汉朝时，人们就已经不知道三皇是谁了。

三皇搞不清楚，那五帝呢？东汉《白虎通德论·号》说，五帝是指黄帝、颛顼、帝喾、帝尧、帝舜，另《风俗通义·五帝》《史记·五帝本纪》《孔子家语·五帝德篇》讲的也是这五个人，看起来好像就是这五个人，但同样是《孔子家语》，却又在《五帝篇》中有不同的说法。

在《五帝篇》，季康子问孔子何谓五帝，孔子回答：“昔丘也闻诸老聃曰：‘天有五行，木、火、金、水、土，分时化育，以成万物，其神谓之五帝。’”所以在这里，五帝又变成木、火、金、水、土，变成了五行说。或许有人认为五行说是伪造的，但古书辨伪的问题不是我的专长，我只是提出有这样的记载。

在无所适从的时候，很多人会认为《史记》的说法就是最好的依据，但《史记》只是一个当时比较统一的说法，并不表示就是当时公认的说法，也不代表就是真实。历史上很多东西其实没有“公认”这件事，只是因为大家都念《史记》，念《孔子家语》的人不多，所以大部分人就采取《史记》的说法。大家都随人，输人不输阵啊！

于是关于汉朝以前的历史，一般就以《史记》为依据，包含我们要来看的孔子生活时代背景，大多也是以《史记》的内容为主。

《史记》提到的五帝，是黄帝、颛顼、帝喾、帝尧、帝舜，最后的两个人是尧跟舜。孔子或孔门弟子常常夸奖尧、舜，并以尧跟舜作为政治上的偶像，像《中庸》里就提到："仲尼祖述尧舜，宪章文武。"说仲尼（也就是我们的孔子，想必他的英文名字一定是Johnny）继承尧、舜的道统，并以文王、武王为典范。

我们可以得知，在三皇五帝中，孔子只崇尚最后这两位，所以尧跟舜是什么样的人就变得非常重要。而传统上的中国历史，也是从尧开始说起。

传贤不传子的美谈

《史记·五帝本纪》说尧"百姓昭明，合和万国"，意思是从个人修身到齐家、治国、平天下他都罩得住，是一个好到不能再好的天下共主，而且是好到不能说了呀！但这其实是传记记载圣王的典型方式，尤其在非民主社会时期，这种记载经常会出现。

尧最为孔门所称道的是"传贤不传子"，将帝位传给了舜，创下中国禅让政治的先例。我觉得这一段真的是民主最好的教育，虽然传说也许是假的，或根本没发生过，但若以故事而言，这实在是一个非常好的故事。我以前不知道故事那么长，以为不过是尧觉得舜不错，然后传位给他，就叫禅让，但原来没有这么简单。

尧有个儿子叫丹朱，《五帝本纪》中，尧曾说丹朱："吁！顽凶，不用。"表示自己的儿子不成才，不能用。你看这讲得多好，尧知道自己的儿子不成才真的是圣明，毕竟现在很多人都看不出自己的儿子不成才。

如果一般的事都不能交付给丹朱，那国家大事更不可以！于是尧在位七十年的时候（古代记年的算法跟现代不同，别硬要去算他那时几岁什么的，重点是故事内容），有一天要大臣们推荐继承者，那时很多人推荐舜，称赞舜："父顽，母嚚，弟傲，能和以孝，烝烝治，不至奸。"他们家按现代说法就是那种父亲有家暴倾向、母亲泼妇一枚，弟弟也不像个弟弟，根本是社工口中的高风险家庭，但是舜在这样的环境下，居然还能每天努力向上没有变坏。所以在众臣的推荐下，尧找来了舜，并测试他是不是个当帝王的料——这就是所谓的试用期。

尧怎么测试舜呢？首先，"尧妻之二女，观其德于二女"，尧把两个女儿嫁给了舜，要来看看舜怎么对待她们。这牺牲够大的，不然就是尧的女儿实在嫁不出去，只好一次就把两个女儿许配给他，否则为什么呢？是第二件六折，还是买一送一？为什么不先给他一个试一下？一下给两个是要测验他的体力好不好吗？真不知道这到底在想什么，中国古人做事真的有一些超乎我们的想象。

接着，"乃使舜慎和五典，五典能从。乃遍入百官，百官时序"，不管怎么测验他，舜都能够安然过关。最厉害的是，"尧使舜入山林川泽，暴风雷雨，舜行不迷"，尧叫舜到山里、往大河里去，即使暴风雷雨，舜居然能完全不迷路。最后尧就对舜说，好，我已经试用你三年了，你来继承帝位。

你以为这故事就这样结束了吗？不，还没有完。

《史记·五帝本纪》提到："尧立七十年得舜，二十年而老，令舜摄行天子之政，荐之于天。"尧传位给舜以后，自己还没死呢，不过是退到一旁，有点垂帘听政的意味，在后面观察看看老天是不是真的喜欢舜这个人。

而尧辟位二十八年才驾崩，书上说他死的时候是"百姓悲哀，如丧父母"。为什么天下人这么思念尧？因为"尧知子丹朱之不肖，不足授天下，于是乃权授舜。授舜，则天下得其利而丹朱病；授丹朱，则天下病而丹朱得其利。尧曰'终不以天下之病而利一人'，而卒授舜以天下"。

尧说的"终不以天下之病而利一人"，意思是我不能为了一个人的利益让天下人害病，这句话实在太重要了，他宁可牺牲儿子也要让天下人得利，倒霉的是他儿子，但他想的是天下的利而非自家人的利，这就是孔子喜欢尧的地方。

孔子把尧看得像天一样，不是说天很高远，而是它公平、公正、公开，容光必照，不管你在哪个角落，天都会照耀你。这是一个很重要的"公天下"精神。

不过，在尧死后，舜为尊重尧的儿子丹朱，选择避开他而到别的地方去。只是舜即便去了比较偏远的地方，"诸侯朝觐者不之丹朱而之舜，狱讼者不之丹朱而之舜，讴歌者不讴歌丹朱而讴歌舜"，诸侯有事都不找丹朱而是去舜那里，歌曲颂赞的也不是丹朱而是舜。诸侯百姓并不因为丹朱是尧的儿子就认为他是继承人，反而因舜的德行承认了他的合法性。最终，舜说："天也。"终于接受自己有天命。

复制的王位继承

因为禅让政治而得到天下的舜，后来同样把帝位传给治水有功的禹，而不是传给自己的儿子商均，过程跟尧传舜时差不多一样。而禹也是先退避到别的地方、把天下让给商均，但诸侯们都不去找商均而去找禹；最后，禹即天子位，整件事是一个完完全全的复制。

尧传舜、舜让禹是历史美谈，但为什么后来的书都只有称赞尧、舜，却没有称赞禹？就是因为后人觉得禹把帝位传给了自己的儿子启，所以在孟子时代也才会有"至于禹而德衰"的说法。然而，事实真是这样吗？

禹子启贤，天下属意焉。及禹崩，虽授益，益之佐禹日浅，天下未洽。故诸侯皆去益而朝启，曰"吾君帝禹之子也"。于是启遂即天子之位，是为夏后帝启。(《史记·夏本纪》)

其实我们从这里可以看出，本来禹也是要学尧、舜，打算把帝位传贤给贤臣益，只不过益辅佐禹的时间实在太短，不够让天下人诚服，因此禹死后，诸侯并不接受益的地位，反而支持禹的儿子启，而启本身其实也是一个贤能的人，因此受到诸侯的青睐。

所以，"至于禹而德衰"的说法，起码孟子不这么认为。在《孟子·万章上》里有提到："启贤，能敬承继禹之道。益之相禹也，历年少，施泽于民未久。舜、禹、益相去久远，其子之贤不肖，皆天也，非人之所能为也。”所以孟子也知道，这个问题不是君王一个人决定的，是诸侯的共同决定，所以某种程度上也是一种投票的行为。

而禹传位给启这件事，法家的韩非子有比较不一样的看法。

禹爱益，而任天下于益，已而以启人为吏。及老，而以启为不足任天下，故传天下于益，而势重尽在启也。已而启与友党攻益而夺之天下，是禹名传天下于益，而实令启自取之也。此禹之不及尧、舜明矣。(《韩非子·外储说右下》)

法家认为，禹虽然说是要把天下传给益，可事实上他知道大权还是操之在启，认为禹玩的是一种两面手法，表面上传位给益，事实上则是要启自取之。所以当启去攻打益的时候，禹才会没有吭声。

儒家崇尚尧、舜的禅让政策，认为他们是一种尚贤的做法，但其他家并非这样看待。像《庄子·盗跖》就提到：“尧不慈，舜不孝，禹偏枯……”认为这些被你们夸大为圣人的人，不过就是利用老百姓而已。我建议大家可以找《盗跖篇》来看一下，这是非常有趣的故事。

这些说法也呈现出先秦诸子对于同一件事的不同观点，拿来互相对比是相当有意思的。

孔子在现在有些人眼里，常被视为维护封建帝制的代表人物，好比在“文革”期间就有人因此反对孔子和儒家思想，但如果你了解禅让政治的演变与孔子的看法，还会觉得是孔子是维护世袭制度的吗?

名正言顺的革命？

历来革命都一样，起身革命的人都会讲："×× 太腐败了！""这家伙再统治下去没有天理！" 即便现在有些国家用选举来改朝换代，大家的讲法也几乎一模一样，就是一定要把现有的讲到烂到极点，革命才有"正当性"，也才会是"顺乎天、应乎人"的做法。

所以在《尚书·商书·汤誓》里提到，商汤要伐桀之前，就是把所有诸侯集合起来，告诉他们："夏德若兹，今朕必往。"说桀已经没有德行了，所以我一定要干掉他。又说："尔尚辅予一人，致天之罚，予其大赉汝！尔无不信，朕不食言。尔不从誓言，予则孥戮汝，罔有攸赦。"意思是你如果不听我的话、不跟我一起发誓，那我也会把你给杀了！

汤要伐桀，是因为桀很糟糕，那武王伐纣呢？根据《史记·殷本纪》的描写，纣王其实是个"资辨捷疾"、很聪明的一个人，可他也"知足以距谏"，不接受别人的谏言，而且"好酒淫乐，嬖于妇人。爱妲己，妲己之言是从"。注意，这就是中国的"女人是祸水"史观，所有坏事都是女人害的，在商朝是妲己，夏朝的叫妹喜，周朝的是褒姒。后来的戏曲还说这些女人是狐狸精变的，但皇帝很烂都不讲，结果男人做的所有坏事都由女人来承担。

后来纣王还将他的叔父比干剖心，把另一个因为害怕而装疯的叔父箕子给关起来。在周武王遂率诸侯伐纣的时候，纣王也发兵反击，两军交战于牧野，最终纣王因兵败自焚而死。后来武王斩下纣王的首级，高挂在大旗之上。

所以，在《易经·革卦》中说，汤武革命是“顺乎天而应乎人”，可是同样是革命，在《尚书·周书·武成》中，却说武王伐纣的牧野之战是“血流漂杵”，说战士们的鲜血流成河，武器在河面上漂着，表示那其实也是非常非常残忍的一场战争，不像后人形容得如正义之师，都没人拦阻他，就这样平安地完成革命。

《论语·述而》里，孔子说听到《韶乐》(舜王的音乐)，三月不知肉味。《论语·八佾》说《韶乐》是“尽美矣，又尽善也”，那武王的乐呢？是“尽美矣，未尽善也”。如果是今天有人说听到音乐三月不知肉味，可能是因为音乐会的票太贵了，三个月都得吃素，吃不起肉……

若从孔子相信音乐跟王者的德行有很深的关系来看，孔子对武王伐纣这件事并不是太赞成，只是他讲得比较含蓄，并且用音乐来比喻。毕竟孔子是和平主义者，为革命所死的人，或许对有的人来说死的是敌人，但对孔子来说，由事后来看，死的都是人呀！

统治或者被统治

除了以革命得到政权之外，绝大部分的时候，中国古代的政权递嬗有几种依据，像在《礼记·丧服小记》里面就有提到：“其不可得变革者则有矣：亲亲也，尊尊也，长长也，男女有别。”不管在什么政治制度下，都有几个不可改变的继承原则，其中“尊尊”就是传贤、禅让，“亲亲”就包含兄终弟及和嫡长子继承两种原则。

但是到了春秋时期，出现了一些继承情况不太稳定的问题，像诸侯国有时是兄终弟及，有时则是以父传子。所以在《论语·颜渊》才会有“君不君，臣不臣，父不父，子不子”的说法；也因政权递嬗、继承的原则不定，开始产生了许多对正统、政权合法性的质疑。

中国从周朝开始有了封建制度。这里的封建制度是指帝王分封土地给功臣和兄弟，但因为马克思主义历史学家也有“封建社会”的说法，以致后来人们在概念上有些混淆。马克思主义史学家认为，封建社会指地主或领主占有土地并剥削农民或农奴的社会形态，带有阶级剥削的意涵，听起来并不是什么好的字眼。

但中国古代的封建制度并不是这个意思。中国的封建制度是什么？许倬云认为封建制度有几个特色：“凡国君都可以统称为诸侯，不必斤斤较量爵位高低。每个国家都有卿大夫，享有采邑，卿大夫之下还有最低级的贵族——士。士之下才是庶人……国土不是按照比例划分。建国的意思就是筑城。所以春秋时封建的本质是点状的城邑，而不是方格的棋盘。”最后，“封建制是一个宝塔型的结构（天子、诸侯、卿大夫、士），下级必须服从上级，但是这种分层服从未必是服从更高一级”。[①] 所以，每个人只服从他的上一级，而不是服从最高级，最高的应该是周天子，但每个人只听自己上面老板的话。

北大哲学系教授何怀宏，参考意大利社会学家帕累托（Vilfredo Pareto）的理论，将西周至春秋的社会形态分成“统治阶级”和“被统治阶级”。统治阶级（贵族）是大夫跟士，被统

---

① 许倬云《求古编》第344—356页。

治阶级包含庶民跟奴隶。另外，再以居住地来分，当时的贵族跟工商阶级住在国城或城都里面，也叫国人，非贵族者住在城外，称之为野或鄙的地方。

何怀宏还认为春秋社会主要是一个“卿大夫活跃的社会”：“大夫是春秋社会的主体，正是由于当时社会主要是一个大夫的社会，以及大夫与家族的关联，我们才可说‘大夫社会’同时也就是一个‘世袭社会’，大夫‘建家立室’是诸侯‘建邦立国’的延伸，或者说，大夫社会性的自我封建正是将政治性的封建原则搬用于社会。”① 这也是孔子生活时代大概的政治样貌。

从神魔到理性：文化

快考试的时候，有人习惯去庙里拜拜，为什么？因为认为神明会保佑他，但考试关神明什么事呢？考试应该是跟出题老师有关，要么就是看老师能不能泄题，或者坏一点，黑入老师的电脑，看看他出什么题目，这才合逻辑，对不对？但这虽然符合逻辑却不是正途，正途还是要好好念书啦。

我有一次到香港访问的时候，跟着一个朋友去做道教研究的田野调查，当时去了一个地方，那里有人起乩，另外还有个人口里念念有词。令我不敢相信的是，来问事的信徒都问些什

---

① 何怀宏《世袭社会：西周至春秋社会形态研究》第 78—79 页，北京大学出版社，2011 年。

么呢？里面有一个女的，她来问神明怎样可以让老公戒烟？没想到乩童就这么嗯嗯喔喔地起乩之后，开了一张药单给她，说吃这个就可以让你老公戒烟。我心想，哇！这可厉害了，这比戒烟门诊还厉害！但这也需要问神明吗？

不要以为这种求神问卜、觉得神可以影响人的文化是近代才有的产物，早在孔子生活的年代、春秋时期以前，这种现象已经很常见，就像接下来会提到的巫传统与占卜。

不过，这样的文化也正是在春秋时期出现变化。《国语·楚语下》有一句话叫“绝地天通”，意思是地跟天原本是相通的，“绝”是把它给断了，断绝地天通。

在古代，本是神民交杂，神的世界可以影响到人的世界，就像刚刚说的，要考试的去拜一拜，做什么事情去拜一拜，如果吓到了也去收惊一下，这表示人的世界是受到神明的影响，所以你跟神明问候、交一点钱，然后拜拜它祈求帮忙，是可以达到效果的。而“绝地天通”却是让神归神的、人归人的，两个世界不通了，也代表断绝了巫术传统，要开始走向神魔主义与理性主义并存的世界。

天的传达者——巫

战国时期的《国语·楚语》中，有一段对巫传统的描述：“古者民神不杂。民之精爽不携贰者，而又能齐肃衷正，其智能上下比义，其圣能光远宣朗，其明能光照之，其聪能听彻之，如是则明神降之，在男曰觋，在女曰巫。”

当代思想史研究者余英时曾进一步解释："巫（觋）是民中精英，不但既精爽又虔敬，而且在智、圣、明、聪四方面都达到了最高的水平。"[①] 认为有这样条件的"民"，才能获得"明神降之"的荣宠。

那时，巫的力量是非常大的，他们是人跟神之间的中介，可以通天、了解天，让神的意义降临，特别是在打仗、祭祀等国家大事的处理上，巫扮演着重要角色。

日本汉学专家白川静曾说，搞不好孔子的母亲就是一个女巫。这个"搞不好"本来只是不太确定的意思，后来不知为何变成确定的意思；但要是明白中国古代巫文化的意义，会知道其实那只是一个"探讨"。不过很多人听到孔子的母亲是女巫，就会气呼呼地说："你在讲什么？为什么孔圣人的母亲会是个女巫？"马上就想象她在煮一锅有指甲、头发什么乱七八糟的东西，因为他们把中国的女巫想成是西方的那种，所以不愿去讨论这个可能性。

决定的关键——占卜

占卜也是从古至今而不衰的文化现象。当生命、爱情、事业有困扰的时候，很多人就会去找算命、占卜的人。像我念大学的时候没有女同学不算命，女同学就问："我将来能够嫁什么样的老公呀？""我老公姓什么呀？"甚至有人回来还信誓旦旦地跟我说将来老公会姓什么，结果后来好像也不是嫁给那个姓氏的人。

---

① 余英时《论天人之际：中国古代思想起源试探》第 29 页，台北：联经出版事业股份有限公司，2014 年。

《尚书·周书·洪范》记载周武王伐纣之后，箕子对周武王治国的建议，其中有一项叫“稽疑”，就是说对占卜的结果有怀疑时，该怎么办？书里说：“三人占，则从二人之言。”意思是三个人卜出来结果不一样的时候，要采多数决议，但这不是很矛盾吗？根据多数来作决定，所以卜还是不准确嘛！如果准确的话，一个人卜不就好了？

书中还进一步说：“汝则有大疑，谋及乃心，谋及卿士，谋及庶人，谋及卜筮。”要是还有疑虑，就问问自己的心，自己有什么想法啊，问旁边的大臣有什么意见，问问被统治的人有什么意见，这就是民意调查了嘛！然后再加上龟卜跟筮占的结果。可是如果五方面的意见不一致，就看龟卜跟筮占的结果。

所以到底要听谁的？清华大学国学研究院院长陈来提出一个很好的观点：“其实卜和筮的结果是拥有决定性的。与卜筮相比，王者自己和卿士庶民的意见，都不是决定性的。”[①]

步向理性：轴心时代

德国哲学家雅斯贝尔斯（Karl Jaspers），在二战后提出一个观念，叫“轴心时代”，德文叫 Achsenzeit，英文叫 Axial Age。他指出轴心时代适用全人类，主要出现在公元前 5 世纪，特别是在公元前 800 年到公元前 200 年之间。如果根据雅斯贝尔斯

---

① 陈来《古代宗教与伦理：儒家思想的根源》第 66 页，北京：生活·读书·新知三联书店，1996 年。

的定义，中国的春秋时期就是处于轴心时代。

雅斯贝尔斯说，在轴心时代："中国出现孔子、老子、墨子、庄子、列子；印度出现《奥义书》、佛陀；伊朗出现查拉图斯特拉（Zarathustra）；以色列出现众先知，如以利亚、以赛亚、耶利米；希腊出现诗人荷马、众哲学家（如巴门尼德、赫拉克利特、柏拉图），以及悲剧作家、历史学家修昔底德、科学家阿基米德。"

而在这个时代，"三个世界产生了新的事物：人自身的整体存在，知晓他的自我和自己的限制，经验到世界的可怕（Furchtbarkeit）以及自己的无力感（Ohnmacht）。"[①] 雅斯贝尔斯认为，这些在轴心时代出现的人物，把人类从一个神魔世界带往一个比较理性的世界。

过去，人们都觉得这世界是由神魔的力量控制，所以你的祸福都在那个世界就决定了，但是从轴心时代开始，人们已经意识到神魔再也不能控制所有的生活。这一点，孔子就讲得很清楚，他说人要"敬鬼神而远之"（《论语·雍也篇》），意思并不是说没有神魔的世界，而是人不要跟神魔太接近；你可以尊敬神魔，也要开始有清明的思想。

而余英时引用雅斯贝尔斯的概念，也提出轴心突破（axial breakthrough）的想法，并说在轴心突破后，中国的思想出现了一种"内向超越"。而他同时也点出了很多历史学家经常忽略的一个重点，就是超越后跟超越前的思维其实是并存的。

---

① 雅斯贝尔斯《历史的起源与目标》（*Vom Ursprung und Ziel der Geschichte*）。

他指出："过去我们似有一种错觉，以为突破以后，文明进入一个更高的思维层面，'前突破时代'（Pre-axial age）传衍下来的旧思维、旧信仰、旧习惯等便自然而然地遭到被淘汰的命运……这一新开辟的思想领域，当时除了学派的创始者及其门徒外，一般人是很难得其门而入的……可见轴心突破对于多数人的日常生活不可能发生立即的效应；他们仍然生活在突破前旧传统的影响之下。"[①]

所以，虽然轴心突破了，却只在少数人当中发挥了影响力，大多数人依然不知道那是怎么一回事。余英时以中国的巫文化来举例，说轴心突破后，巫的势力并没有衰落，继续在宫廷跟民间发挥作用。民间长期以来的巫文化信仰，直到现在仍然影响我们的社会，好比今天某些新闻或媒体版面还有星座运势单元一样。

我最喜欢看星座运势，因为每次看完星座运势都会大笑。有一次发现我的星座运势是"会碰到心仪的人"，但我都已经结婚了，要是再碰到心仪的人，那我不是找死吗？或者像是"这周你要防小人"，但你哪一周不需要防小人？如果你养成习惯，我建议你看星座运势看一辈子，保证你这辈子看到的奇事非常多。把星座运势当成综艺节目是很好，但当成新闻的这种文化，水准实在不是太高。

从神而人

陈来把这段轴心突破的过程叫作"人文的转向"[②]。他指出整

---

① 余英时《论天人之际：中国古代思想起源试探》第 231 页。

② 陈来《古代宗教与伦理：儒家思想的根源》第 4 页。

个中国的轴心时代，并不是因为意识到自身的局限而转向超越的无限存在；中国在这过程里，似乎更多是意识到神与神性的局限。所以，若是其他地方的人是意识到“人”的局限，那中国则是意识到“神”与“神性”的局限。于是，不再以鬼、神为主，中国人转而开始重视人命、人的生活，也是一种“人文的转向”，而孔子就是这种人文转向过程的重要人物。

所以，我们可以说，在周朝以前都相信鬼神可以对我们产生很大的作用，因此要敬鬼神；但周朝以后、到了孔子登场的时代，就会告诉你要“敬鬼神而远之”，跟鬼神保持一个适当的距离。孔子没有叫你不要相信鬼神，可也没叫你信鬼神信到那个地步，有那么一点人文主义的精神起来了，但又没有完全地抛除、走向无神论的地步。

文明的统治：礼乐

到了周朝，周公制礼作乐（当然不是周公一个人把所有事情都做了），他知道这种意识形态跟制度的重要性，所以用礼乐来统治人民。以这个观点来看，我们也知道用礼乐来统治人民的确有长期的效果，这也是周朝之所以能够享有八百年统治的时间原因之一。

那周朝的礼有哪些？根据《周礼·春官宗伯》记载，传统的五礼有“吉、凶、军、宾、嘉”，包含祭天、祭社稷、丧礼、时聘、军礼、饮食之礼、冠婚之礼等。到了《礼记·王制》更有所谓“冠、昏、丧、祭、乡、相见”等六礼，搞得相当繁复，因此儒家才被讽刺说一辈子也学不完这些礼。

余英时认为中国的轴心突破和礼乐文化是有关系的："早期的礼乐是和巫互为表里的；礼乐是巫的表象，巫则是礼乐的内在动力……轴心突破表现上虽从礼乐的领域展开，但它真正争衡的对象却是礼乐背后的整个巫文化。"[①]

虽然礼乐是为制衡巫文化而来，希望借这个取代那个，但礼乐文明后来也逐渐走向极端，开始变得繁琐冗长，很多意义其实也消失了。就像每年的祭孔大典，里面那些动作都很慢，然后什么献礼、献爵，还有那些跳八佾舞的小朋友很多站也站不稳。其实要是让他们跳街舞，我保证会跳得非常好。

一定有人会说：荒唐！孔子什么年代？跳什么街舞！咦，孔子什么年代，那时候是跳八佾舞吗？现在孔庙的很多事物都是明朝以后的定制，也差不多是近五百年左右的事，跳明朝的八佾舞，孔子就看得懂吗？如果你认为明朝发明的舞是传统，我们现在发明祭孔时跳街舞，五百年后的人也会觉得该这样跳啊。有些传统会让人误以为是从孔子那时代就这样了，其实不是的。

再说对周公相当推崇的孔子真有要求这么多礼吗？如果就《论语》里，孔子所说的话来看："礼，与其奢也，宁俭；丧，与其易也，宁戚。"可见孔子也不太赞成把礼弄得太复杂，他更重视的是心中真实的情感。

---

① 余英时《论天人之际：中国古代思想起源试探》第 29 页。

崇德贵民：思想

这本书一开始就提到说，孔子是一个集大成的人，尤其从思想层面来看，那些过去以为是孔子开创的思维，其实早就存在于中国先哲的想法里，好比崇德贵民、照顾老弱孤幼、民本思想等。在孔子之前的中国人已经很重视“德”，讲究德行这件事并不是孔子发明的，而且光是一个“德”，在古代就有很多含义。有人认为有德行、做好事当好人是一种德，人在自己的位置上扮演好自己的角色也是一种德，我们现在则强调“做好事”才叫德；陈来就从《尚书》《左传》《礼记》《逸周书》《周礼》《国语》等古籍，整理出三类型的德行。下页的德行分类表（“表1”），就是根据陈来的分类所绘制。[①]

从表格中可以清楚看到中国古代对德的认定，而这些认定跟孔子或孟子后来讲的德，有同有异，也能看见“德”这个概念的演变。总之在春秋以前、在孔子以前，中国人就很强调德的重要性。

---

① 陈来《古代宗教与伦理：儒家思想的根源》第306—307页。

表1 “德”的概念

第一类（个人品格）	
《尚书·尧典》四德	直、宽、刚、简
《尚书·皋陶谟》九德	宽、柔、愿、乱、扰、直、简、刚、强
《尚书·洪范》三德	正直、刚克、柔克
第二类（社会基本人伦关系的规范）	
《左传·文公十八年》五教	父义、母慈、兄友、弟恭、子孝
《礼记·王制》七教	父子、兄弟、夫妇、君臣、长幼、朋友、宾客
《逸周书·常训》八政	夫、妻、父、子、兄、弟、君、臣
《礼记·祭统》十伦	君臣之义、父子之伦、贵贱之等、亲疏之杀、夫妇之别、长幼之序、上下之际（与社会德行无关者未列入）
《礼记·大传》四道	亲亲、尊尊、长长、男女有别
《礼记·中庸》五达道	君臣、父子、夫妇、兄弟、朋友
《周礼·师氏》三行	孝行、友行、顺行
《周礼·大司徒》六行	孝、友、睦、婣、任、恤

续表

第三类（前两类的结合）	
《周礼·春官宗伯·大司乐》六德	中、和、祗、庸、孝、友
《周礼·地官司徒·大司徒》六德	知、仁、圣、义、忠、和
《礼记·中庸》三达德	智、仁、勇
《国语·周语上》四德	精、忠、孔、信
《国语·周语上》四德	忠、信、礼、义
《逸周书·宝典》九德	孝、悌、慈惠、忠恕、中正、恭逊、宽弘、温直、兼武
《逸周书·酆保》九德	忠、信、敬、刚、柔、和、固、贞、顺
《逸周书·文正》九行	仁、性、让、言、固、始、义、意、勇
《逸周书·文正》九守	仁、智、固、信、城沟、廉、戒、竞、国

注：本表参考陈来《古代宗教与伦理：儒家思想的根源》所制

另外,《论语·公冶长》讲到孔子提出“老者安之,朋友信之,少者怀之”的理想,可见这种照顾老弱孤幼的思想,也不是孔子专属而是继承。《尚书·商书·盘庚上》中提到,在商朝即有“汝无侮老成人,无弱孤有幼”的说法,《尚书·周书·无逸》也有“怀保小民,惠鲜鳏寡”的想法。

直到现在像关爱座、“请让座给老弱妇孺”或养老院的概念,都是从文化中照顾老弱孤幼的概念而来。这跟美国那种让座给需要的人或老人公寓的概念不同,因为在中华文化中,照顾老弱孤幼是很重要的文化价值。

除了强调德的重要,那个时代也强调“民”的重要。《尚书》里很多地方都讲到要崇德贵民,说君王的德很重要,老百姓的福利也很重要,也不是只有孔子这样想,中国的先哲已经有重民的概念,更有民本、人本的想法。

像《尚书·周书·酒诰》的“人无于水监(鉴),当于民监”,就是要君王不要拿水当镜子,而是要以人民为镜,从人民的反应就知道自己统治得好不好,有点像现在的民意调查。或是《尚书·周书·泰誓中》的“天视自我民视,天听自我民听”,《国语·郑语》中的“民之所欲,天必从之”,《左传·庄公三十二年》中的“国将兴,听于民;将亡,听于神”,皆是民本思想的呈现。

天命与秩序

我们现在听到天命,都会以为是“生死有命,富贵在天”,但古人的天命观跟我们想的不太一样。西周以前的天命观,指的是“天的命令”，就是老天爷很伟大，老天爷决定什么就是什么，所以在汤要伐桀或武王要伐纣的时候，都会说“唯有天命”。

陈来说：“西周的天命观也肯定天命神异的主宰作用，但这种主宰作用不是体现为宇宙和人类安排了一个必然性的链条，而是根据事物的发展和人类的状况随时加以控制、干预和调整。”[①] 他认为周朝的天命观，是对一个超越我们的存在的肯定，而不是那种“哎呀，一切都是命，半点不由人”，认为一切在冥冥中安排好了、确定结局，我们只是照着剧本演出来。

但妙的是，这个天命的存在会根据状况而调整。简单来说，就是天、君、人有着三角关系，就像下边这张图一样。

其中，君统治人，但君的命来自天，天要怎么决定谁是君？就是从民的反应来决定。于是天、君、人就合起来了，变成一种循环关系，中国人就很喜欢这种循环的观念。

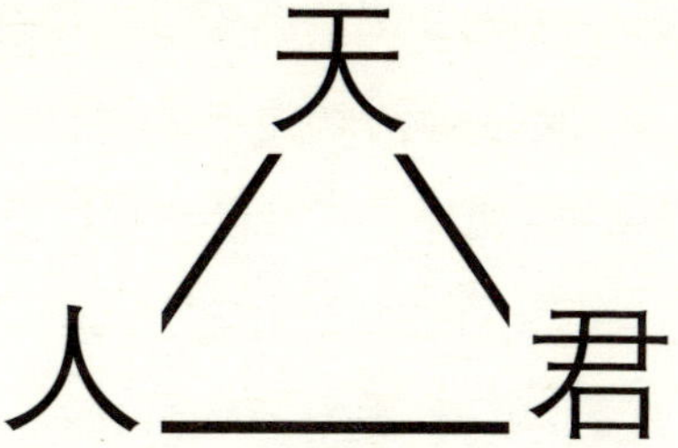

西周天命观

我们一般以为，古代君王的命令非常重要与权威，要谁生谁就生，要谁死谁就死，人民是没有力量的。但是西周的天命观认为，人的声音会被老天听到，天命会随着人民的声音改变，于是“天命无常”，天命赐下的人间统治权不是永恒的，今天给你，明天可以收回来；君王要是做得不好，天命也可断绝或改变。

① 陈来《古代宗教与伦理：儒家思想的根源》第 192 页。

而“天命惟德”，因此谁有德，谁就有天命。

以这点来看，其实天命观很像现代的民主选举，如果你符合老百姓的想法，你的选票就会多；如果你做得很烂，选票就会变少，某种程度也是民意的反应。

总归来说，从春秋到战国这段期间，也就是孔子时代的大我脉络，许多原有的秩序开始乱套，就像《左传·昭公三年》中，晋国叔向与齐国晏婴对谈提到的：“虽吾公室，今亦季世也。戎马不驾，卿无军行，公乘无人，卒列无长。庶民罢敝……君日不悛，以乐慆忧。公室之卑，其何日之有？”原来的礼乐都崩坏了，该做什么事都不做，而原来的大家族也慢慢地崩解了。

好比政治原来是由公、诸侯来做的，结果变成是卿大夫主政，而朝廷也不像以前那样受到重视，于是传统的政治秩序崩坏了。《左传·昭公三十二年》也提到晋国大夫史墨说：“社稷无常奉，君臣无常位，自古以然。”讲的也是自古以来的秩序正在逐渐消失。

除了政治秩序的崩解，还有文化上从神魔主义走向理性主义，巫文化与人文主义并存及影响社会；在思想上，重视德行并以人为本、以民为贵，只是当理想与现实相违背时，社会便处于动荡之中。

清朝学者顾亭林在《日知录·周末风俗》中说：“如春秋时犹尊礼重信，而七国则绝不言礼与信矣；春秋时犹宗周王，而七国则绝不言王矣；春秋时犹严祭祀、重聘享，而七国则无其事矣；

春秋时犹论宗姓氏族，而七国则无一言及之矣……”他还进一步说：“不待始皇之并天下，而文、武之道尽矣！”

意思是东周（战国时期）最后并不是因为秦始皇才垮的，在孔子生活的春秋之后，还经历了战国时代，但孔子在当时已经看出来，整个社会君不君、臣不臣、父不父、子不子，没一个样子。春秋战国已经乱到不行了，而秦始皇只是最后来收拾的那个人而已。

---

① 除了实际翻阅古书以外，推荐读者也可以参考一下“中国哲学书电子计划”这个网站，有非常多的文献资料可供查阅，相当方便。

表2 孔子出生前之中国大事年表

中国纪元	公元纪年	事件内容	备注
	前 2550 年	黄帝	
	前 2450 年	颛顼	
	前 2372 年	帝喾	
	前 2297 年	尧	
	前 2179 年	舜	
	前 2140 年	禹	夏朝始。
	前 2095 年	启	传子始。
	前 1763 年	桀	夏朝亡（汤伐桀）。
	前 1711 年	汤	商朝始。
	前 1324 年	盘庚	迁殷，始称殷、殷商。
	前 1098 年	纣（帝辛）	
周武王十一年	前 1066 年	武王伐纣，战于牧野，血流漂杵，灭商。	殷商亡。
周武王十二年	前 1065 年	武王封帝叔鲜于管，叔度于蔡，立纣子武庚禄父为诸侯以至殷遗民，使管、蔡监之，封弟叔旦于鲁而相周，是为周公。	
周成王元年	前 1063 年	成王继位，年幼，周公听政。	

续表

中国纪元	公元纪年	事件内容	备注
周成王二年	前 1062 年	周公东征，讨伐管、蔡、武庚。	
周成王六年	前 1058 年	周公制礼作乐。	
周穆王五十年	前 925 年	穆王命吕侯作刑书，号称《吕刑》，是中国较早的刑法。	吕侯又称甫侯，《吕刑》又叫《甫刑》。
周夷王元年	前 869 年	天子地位衰微，天子下堂见诸侯。	
周幽王三年	前 779 年	幽王宠褒姒，嬖之。褒姒不好笑，幽王欲其笑，为举烽火，并击大鼓，召诸侯来援，诸侯兵至，乃无寇。其后幽王屡举烽火，诸侯不至。	
周幽王十一年	前 771 年	申侯引西夷、缯人、犬戎攻幽王，幽王举烽火征诸侯兵，兵莫至，遂杀幽王于骊山之下，掳褒姒。诸侯共立太子宜臼为平王。	
周平王元年	前 770 年	晋文侯、郑武公、卫五公、秦襄公帅兵护送平王，入于洛邑。	东周始。

续表

中国纪元	公元纪年	事件内容	备注
周庄王十二年	前685年	春，齐雍禀杀无知，公子小白自莒入齐即位，是为桓公。 九月，齐人杀公子纠，而以管仲为大夫，执国政。齐桓公用管仲、鲍叔、隰朋、高傒，修齐国之政，连五家之兵，设轻重鱼盐之利，举贤任能，齐国日强。	
周灵王二十一年（鲁襄公二十一年）	前551年	孔子出生	《史记》作孔子出生为鲁襄公二十二年。

注：本表参考翦伯赞主编《中外历史年表（公元前4500年—公元1918年）》（校订本，北京：中华书局，2008年）绘制

贰

2

关于孔子
——被误读的凡人

子曰

“出则事公卿，
入则事父兄，
丧事不敢不勉，
不为酒困，
何有于我哉？”

孔子是怎样生成的？

——有关孔子的文献与真伪

在认识孔子之前，首先要了解的是，那些关于孔子生平的故事都是从哪里得知的？先前我们也提到，所有的历史其实都是现代史，都是后来的人写的，除非你会穿越，否则我们谁都无法亲眼看到孔子的生平。所以在看孔子的事迹之前，也要知道这些书籍的著作背景与创作动机，才好判断哪些说法可以更趋近真实。

中国近代思想家梁启超在著作《孔子》中曾提到："孔子事迹，流传甚多，但极须慎择。"[①] 像《孔子家语》《孔丛子》材料很丰富，但其实是魏晋人的伪作，不可相信；《史记》算是当中最靠得住的古书，但错误处也不少。所以孔子的事迹可以《史记·孔子世家》为底本，再和《左传》《论语》《礼记》及其他先秦子书来参证。

儒学家钱穆说："孔子生平言行，具载于其门人弟子之所记，复经其再传、三传门人弟子之结集而成之论语一书。其有关于政治活动上之大节，则备详于《春秋左氏传》。其他有关孔子言

① 梁启超《孔子》。

行及其家世先后，又散见于先秦古籍如《孟子》《公羊传》《穀梁传》……最后，西汉司马迁《史记》采集以前各书材料成《孔子世家》，是为记载孔子生平首尾条贯之第一篇传记。”[①]

而中国民间文学学者陈金文则将孔子相关传说分为三个时期（如34—37页“表3”所述）[②]：第一个时期是有关于先秦的文献，如《论语》《左传》《国语》等，不同时期都有关于孔子的传说，当然有些是直接听到，有些则是一传再传。

第二时期就是两汉到魏晋的文献，其中《礼记》过去被认为是先秦的文献，现在则被认定是汉朝以后，甚至到魏晋南北朝的书籍。《礼记》有非常多有关孔子、孔门弟子跟周朝礼的描述。至于《孔子家语》，书中号称所有跟孔子、孔家相关的都有收录，但有些东西后来被发现也是抄来抄去的。不过这也没什么，那时候的文献那么少，不像现在有网络随时可以搜寻。

最后是唐朝以后到清朝的孔子文献，这时期的文献很多是出现于笔记小说里，像孔子后代所作的《孔氏祖庭广记》，就有孔子父亲叔梁纥向颜氏求婚、孔子的奇异出生……这类从现在来看是怪力乱神的内容。但也有人说这是因为当时元朝是在外族的统治之下，所以创造孔子的奇异传说、把孔子神化，主要是希望能震慑住当时的统治者。

---

① 钱穆《孔子传》第8页，台北：素书楼文教基金会，2000年。

② 陈金文《孔子传说的文化审美研究》第33—34页，济南：齐鲁书社，2004年。

表3 历代有关孔子传说的文化

时期	孔子传说	陈金文说明
先秦文献	•《论语》 •《左传》 《哀公十七年》“孔子向郯子问鸟兽官名” 《定公十年》“孔子主持夹谷会盟” 《哀公十四年》“孔子见麟” •《国语》 《鲁语下》“季桓子穿井获羊” “吴堕会稽获巨骨” “臣侯问肃慎氏之矢” •《庄子》 《天道》“孔子见老聃” 《天地》 《天运》 《山木》 《大宗师》 •《墨子》 《非儒下》 •《韩非子》 《五蠹》 《外储说左下》 《显学》	先秦时期是孔子传说产生、传播的第一个阶段。这一时期纪录、保存孔子传说的，主要有上层社会的思想家和史学家。 那是一个百家争鸣的时代，儒家学说虽已产生很大影响，但没有取得独尊的地位。因此这一阶段文献中的孔子传说资料，虽也赞扬孔子的好学、博学及知礼，但他还没有被神化。不少传说对孔子还抱持否定和批判的态度，即使是《论语》中的传说也不是一味地抬高孔子。 此外，因为这一时期与孔子生活的时代相去不远，同时，孔子后学的著作又在记载孔子传说的过程中发挥了比较重要的作用，因此，这时期文献记载的孔子传说与生平事迹的联结较为密切，具有一些信史（起源）的成分。历史学家和哲学家比较重视这时期的孔子传说资料，往往把它们视为研究孔子生平事迹，或探讨孔子思想观念的信史资料加以引用。

续表

时期	孔子传说	陈金文说明
两汉魏晋文献	•《礼记》 《檀弓上》 《檀弓下》 《射义》 •《韩诗外传》 《卷一》"孔子遇阿谷处子" 《卷三》"鲁有父子讼者" 《卷五》"孔子学鼓琴于师襄子" 《卷六》"简子以兵围孔子舍" 《卷七》"孔子困于陈、蔡" 《卷七》"孔子鼓琴" 《卷九》"皋鱼三失" •《史记》 《孔子世家》 《仲尼弟子列传》 •《汉书》 《五行志》"哀公吊孔子""季氏穿井获羊""陈侯问肃慎氏之矢" •《孔丛子》 •《论衡》 《实知篇》"项橐七岁教孔子""孔子将死遗谶书" 《语增篇》"文王千钟，孔子百瓠"	进入汉代之后，随着儒家文化在意识形态领域地位的提高，逐渐出现了神化孔子的倾向，加上笔记小说的作者在采用传说时，较史学家或思想家更为关注传说的文学性，所以这时期被保存、采用的孔子传说已有了比较明显的传奇性。

续表

时期	孔子传说	陈金文说明
两汉魏晋文献	《儒增篇》 《问孔篇》 《知实篇》 •《琴操》 "孔子困于匡""孔子不入晋""孔子伤政""孔子叹芗兰" •《孔子家语》 •《列子》 《汤问》 《黄帝》 •《搜神记》 《卷八》"孔子见麟" 《卷十二》"季桓子穿井获羊" •《小说》 《卷二》"周六国前和人" 《卷二》"颜渊斩蛇怪" 《卷二》"孔子途遇采桑娘" 《卷二》"子路逢虎" 《卷二》"孔子井"	
唐以后至清文献	•《琱玉集》 《聪慧篇第一》"孔子遇路妇" 《鉴识篇第三》"楚王向孔子问萍实""齐王问一足怪鸟于孔子""吴堕会稽或巨骨"	唐以后至清，笔记小说的作者更多地参与孔子传说的记录。这时期被纪录的孔子传说大多是幻想性的特点比较突出。

续表

时期	孔子传说	陈金文说明
唐以后至清文献	•《涌幢小品》(明·朱国桢) 《卷十六》"圣表二则""易主之始""厄台二则""翔鹤""孔子手植桧" •《坚瓠集》(清·褚人获) "宣圣授历""圣人前知""端木子""孔子与采桑娘" •《茶香室丛抄》(清·俞樾) •《孔氏祖庭广记》(金·孔元措) 《卷八》"孔子父叔梁纥向颜氏求婚""孔子奇异出生""孔子与麒麟""孔子四十九表""孔子遗谶书" •《阙里志》(清·陈镐) 《卷四》 《卷十一》 •《阙里述闻》(清·郑晓如)	

注:本表参照陈金文《孔子传说的文化审美研究》绘制。

只是有些神化和赞美，以现在的眼光看来实在难以理解，像是“孔子四十九表”——并不是说孔子喜欢收集手表，那是模仿佛教的三十二相与八十种好。三十二相与八十种好是形容佛陀的形貌有许多特别之处，如手足柔软、齿齐牙白、眉间白毛、顶髻……跟大家很不一样。尤其八十种好之中有很多我们现代人不可理解的赞美，比如他的舌头一伸出来可以覆到发际，把整张脸盖住，为什么这会变成一种神迹或让人崇拜？或是两眉之间可以放出光芒，我觉得这挺酷的，但智能手机也可以，晚上还能当成手电筒……只是实在不明白这为什么值得夸耀、当成赞美？

层层叠叠的《论语》：文化地层叠压

古籍中记载最多孔子言论的，就是《论语》。谈到《论语》，一般会引述《汉书·艺文志》里的这段说法：“《论语》者，孔子应答弟子、时人，及弟子相与言而接闻于夫子之语也。当时弟子各有所记。夫子既卒，门人相与辑而论纂，故谓之《论语》。”说《论语》是在孔子死后，他的弟子将孔子讲过的话集结起来。这里的“论”，指的是大家讨论这句话要不要收进来，而“语”就是孔子讲的话，所以合起来叫作《论语》。

至于《论语》的版本也多有不同，像是在东汉王充的《论衡·正说》提到：“至武帝发取孔子壁中古文，得二十一篇，齐、鲁二，河间九篇，三十篇。至昭帝女读二十一篇……今时称《论语》二十篇，又失齐、鲁、河间九篇。本三十篇，分布亡失；或二十一篇。目或多或少，文赞或是或误。”总而言之，《论语》到底多少篇？《论语》到底多少种？至今说法不一。

澳门大学教授杨义则以“文化地层叠压”来形容《论语》的编纂，像叠罗汉一样一个压着一个。他认为《论语》起码发生过三次重大的编纂，因而留下了三个历史文化地层叠压。

第一次的编纂是在《汉书·艺文志》里谈到的“夫子既卒”、弟子守孝的时候，鲁哀公十六年（公元前479年）。他提到：“突出郑玄[①]所指认的主持者仲弓诸人，《古论语》篇章顺序上，《雍也》紧跟《学而》《里仁》排在第三；在开列‘四科十哲’名单中德行科唯一在世的只有仲弓，名单中遗落了曾子、有子。切不可轻忽这个名单，从汉至唐的千百年间，孔庙配祀的四科十哲均封侯（孔子封文宣王后，颜渊晋升为公），曾子、有子、子张以下只能封伯。”

所谓孔门四科，就是德行、言语、政事、文学。德行科是颜渊、闵子骞、冉伯牛、仲弓，言语科就是宰我、子贡（子贡竟然排在宰我后面，这也是蛮有趣的），政事科是冉有、子路，最后的文学科则是子游、子夏。后面章节我们会另外讨论四科十哲。

杨义认为《论语》的第二次编纂，是弟子庐墓守心孝三年

---

① 郑玄，东汉哲学家。《论语注疏·解序》中提到，郑玄云：（《论语》）仲弓、子游、子夏等撰定。

期满后（实际为二十五个月），鲁哀公十八年（公元前 477 年）。“子张、子游、子夏按殷礼推举有若出来主事，因人事变动而修纂《论语》，于是称有若为‘有子’，后面还增加了篇章逻辑上非常突兀的《子张篇》。不可忽视，《论语》首篇《学而》三称‘有子’，而且占居‘子曰’后的第二章……其位置价值极其显著，不应属于仲弓主持编纂的遗留。这次编纂由于主持者群体变动，文化地层叠压的痕迹相当明显。”

最后一次编纂是曾子死了以后，由曾门弟子重修，这是在鲁悼公三十五年（公元前 432 年），距离上次编纂已有四十五年。这次编纂强化曾子传道的当然性。他说：“虽然保留了第一次编纂时《先进篇》的‘参也鲁’，但也增加了‘曾子曰’在《学而篇》者二、《里仁篇》者一、《泰伯篇》者三、《颜渊篇》者一、《宪问篇》者一、《子张篇》者四。其中《泰伯篇》的‘曾子有疾’二章，年代最晚，为曾门弟子忆述无疑。”[①] 所以曾子的弟子是在第三次才出现来编纂的，这就是又叠了一层。

《论语》不是孔子写的？

孔子当然不是《论语》的作者，他自己根本也不知道后来编了一本《论语》。而且很多古代书号称的作者，其实可能只是编者而不是作者，这跟我们现在所谓“作家”的概念不太一样，更可能是集体创作。所以，即使说作者是假的，也不影响内容

① 杨义《论语还原》第 10—11 页，北京：中华书局，2015 年。

本身。

但书籍撰写的时代到底是不是那个时代，也是一个问题。像跟孔子相关的《孔子家语》，有人说是东晋王肃编的，也有人说王肃那个家伙专门作伪书，所以不是真的。关于时代的问题，还有人以《尚书》为例，说《尚书》听起来是夏商的官方文献选集，可也有人说那文献选集早就在秦始皇时期被一把火给烧光了，剩下的都是假的或是靠后来的人背出来的。

所以如果要很严格地看待的话，那所有古书都不能念了，因为大概没有什么是真的；但你要是从另一个角度来看，先不管真伪的问题，那些其实都是古书，自然都可以念。

该怎么读《论语》？

想要认识孔子、儒学的人一定都会读《论语》，但有时候读出不一样的解释，这是为什么？我想这跟诠释经典的方法有关。那究竟该如何解读才是比较正确的方式？

根据杨义教授的说法，他认为诠释《论语》要三个步骤：

一、以史解经：论证《论语》成书于春秋战国之际。

二、以礼解经：论证依据儒者“必也正名乎”原则，《论语》书名出自启 动编纂的初期。

三、以生命解经：从孔子与七十子生命痕迹上，解读《论语》书名的本义。[①]

---

① 杨义《论语还原》第 74 页。

我觉得这都算不错的方法。另外，对于诠释经典，我的老师、著名儒学家爱新觉罗·毓鋆则说要“依经解经”，意思是说在解释《论语》的时候，最好将相关的话语跟相关的概念串起来看，有点类似《圣经》的串珠版一样。好比你看《论语》里面相关章节有提到孝，那孝大概是指什么？不要用后人的解释，也不要去查字典，因为古代的概念不像现在那么强调界定的精确性，只要大家都能理解，也就不用太细究。

另外，《论语》里面的故事常常没有时间和背景，那一句话到底是什么时候说的？在什么场合说的？有些可以推理出来，因为那故事有牵涉其他人或其他事，可以在《左传》或《国语》找到相应的事实，大致标定是几岁的时候说的。但有时候也很难，比如孔子说“有教无类”这句话，你不知道他什么时候说的，也不知道是不是梦话。

我自己除了以上几种，还会多一个方法，就是比“依经解经”再多一个字：验，“依经验解经”。如果有些事情明显不合乎经验、不合乎常理，大概都有问题。譬如《论语·雍也》中提到：“伯牛有疾，子问之，自牖执其手，曰：‘亡之，命矣夫！斯人也而有斯疾也！斯人也而有斯疾也！’”这里就有些不合常理的地方。古注说伯牛得的是麻风病之类的传染病，你想如果他有传染病，孔子会去拉他的手吗？还有，“斯人也而有斯疾也”这句话，传统的说法都是：“哎呀！你就这样的人才会得这样的毛病呀！”去探病的时候，你会这样说话吗？一般都会说祝你早日康复吧？所以依照经验，我会这样理解：“像你这么好的一个人，你的病一定会好起来的！”

所以以史解经、以礼解经、以生命解经、依经解经和依经验解经，都是几种值得参考的解经方式。

一次搞懂孔子的人生

——关于孔子的生平

关于孔子生平最可靠但问题也是有点大的资料，就是司马迁在《史记》里面所写的《孔子世家》。如果你去上《史记》的课，我想老师会告诉你《孔子世家》传闻错误不少，所以不能全以为是事实，只能将它作为底本，再拿《左传》《论语》《礼记》及其他书籍互相参考。

钱穆也提醒："司马迁之孔子世家，一则选择材料不严谨，真伪杂糅。一则编排材料多重复，次序颠倒。后人不断加以考订，又不断有人续为孔子作新传，或则失之贪多无厌，或则失之审核不精，终不能于《孔子世家》以外别成一惬当人心之新传。"[①]

若说《孔子世家》材料不严谨、真伪杂糅，其实也不能都怪司马迁，毕竟他那时候不像现在的书店、图书馆有这么多资料，可以坐在那里慢慢查。那时真的是行万里路、读万卷书，方才记得。一个人脑子能有多好？有时候可能真是记错了，这事对我来说是情有可原的。

---

① 钱穆《孔子传》第8—9页。

表4 孔子生平年表

鲁国年代（公元前）	生平大事
鲁襄公二十二年（公元前551年）	孔子生。
鲁襄公二十四年（公元前549年）三岁	父叔梁纥卒。
鲁昭公七年（公元前535年）十七岁	母颜征在卒在前。
鲁昭公九年（公元前533年）十九岁	娶宋亓官氏。
鲁昭公十年（公元前532年）二十岁	生子鲤，字伯鱼。
鲁昭公十七年（公元前525年）二十七岁	郯子来朝，孔子见之，学古官名。其为鲁之委吏、乘田当在前。
鲁昭公二十年（公元前522年）三十岁	孔子初入太庙当在前。琴张从游，当在此时，或稍前。孔子至是始授徒设教。颜无繇、仲由、曾点、冉伯牛、闵损、冉求、仲弓、颜渊、高柴、公西赤诸人先后从学。
鲁昭公二十四年（公元前518年）三十四岁	鲁孟釐子卒，遗命其二子孟懿子及南宫敬叔师事孔子礼。时二子年十三，其正式从学当在后。
鲁昭公二十五年（公元前517年）三十五岁	鲁三家共攻昭公，昭公奔于齐，孔子亦以是年适齐，在齐闻《韶乐》。齐景公问政于孔子。
鲁昭公二十六年（公元前516年）三十六岁	当以是年返鲁。
鲁昭公二十七年（公元前515年）三十七岁	吴季札适齐返，其长子卒，葬嬴、博间，孔子自鲁往观其葬礼。

续表

鲁国年代（公元前）	生平大事
鲁定公五年（公元前 505 年） 四十七岁	鲁阳货执季桓子。 阳货欲见孔子，当在此后。
鲁定公八年（公元前 502 年） 五十岁	鲁三家攻阳货，阳货奔阳关。 是年，公山弗扰召孔子。
鲁定公九年（公元前 501 年） 五十一岁	鲁阳货奔齐。 孔子始出仕，为鲁中都宰。
鲁定公十年（公元前 500 年） 五十二岁	由中都宰为司空，又为大司寇。 相定公与齐会夹谷。
鲁定公十二年（公元前 498 年） 五十四岁	鲁听孔子主张堕三都。堕郈，堕费，又堕成，弗克。孔子堕三都之主张遂陷停顿。
鲁定公十三年（公元前 497 年） 五十五岁	去鲁适卫。 卫人端木赐从游。
鲁定公十四年（公元前 496 年） 五十六岁	去卫过匡。晋佛肸来召，孔子欲往，不果，重返卫。
鲁定公十五年（公元前 495 年） 五十七岁	始见卫灵公，出仕卫，见卫灵公夫人南子。
鲁哀公元年（公元前 494 年） 五十八岁	卫灵公问陈，当在今年或明年，孔子遂辞卫仕。 其去卫，当在明年。
鲁哀公二年（公元前 493 年） 五十九岁	卫灵公卒，孔子在其卒之前或后去卫。
鲁哀公三年（公元前 492 年） 六十岁	孔子由卫适曹又适宋，宋司马桓魋欲杀之，孔子微服去，适陈。 遂仕于陈。

续表

鲁国年代（公元前）	生平大事
鲁哀公六年（公元前 489 年） 六十三岁	吴伐陈，孔子去陈。 绝粮于陈、蔡之间，遂适蔡，见楚叶公。 又自叶返陈，自陈返卫。
鲁哀公七年（公元前 488 年） 六十四岁	再仕于卫，时为卫出公之四年。
鲁哀公十一年（公元前 484 年） 六十八岁	鲁季康子召孔子，孔子返鲁。自其去鲁适卫，先后凡十四年而重返鲁。 此下乃开始其晚年期的教育生活，有若、曾参、言偃、卜商、颛孙师诸人皆先后从学。
鲁哀公十二年（公元前 483 年） 六十九岁	子孔鲤卒。
鲁哀公十四年（公元前 481 年） 七十一岁	颜渊卒。齐陈恒弑其君，孔子请讨之，鲁君臣不从。是年，鲁西狩获麟，孔子春秋绝笔。春秋始笔在何年，则不可考。
鲁哀公十五年（公元前 480 年） 七十二岁	仲由死于卫。
鲁哀公十六年（公元前 479 年） 七十三岁	卒。

注：本表出自钱穆《孔子传》，格式经过作者编辑，年代为作者所加。

附录 孔子周游列国路线图

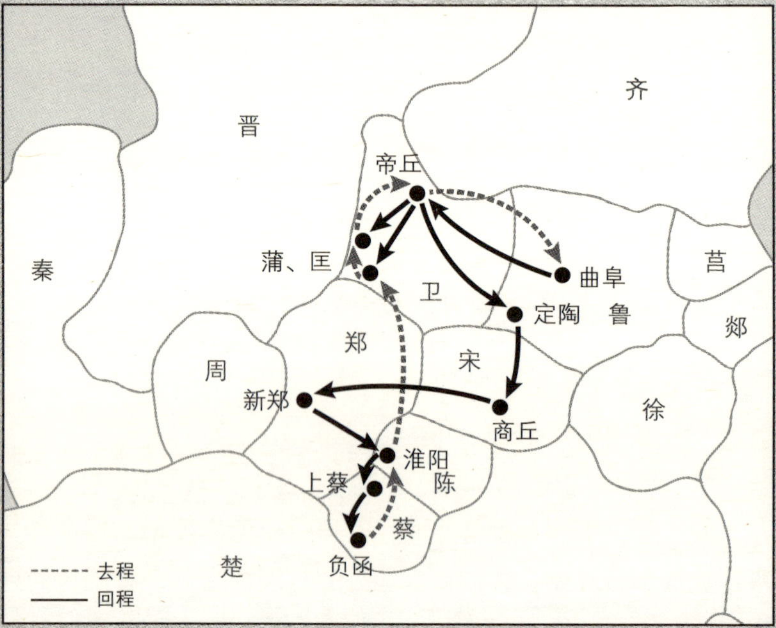

帝丘（濮阳）

蒲、匡（长垣）

曲阜

定陶

商丘

新郑

淮阳

负函（信阳）

注：可用手机扫一扫，看到孔子周游列国的这些地点更多资料。

那么比较严谨的著作如钱穆的《孔子传》，他写得非常严谨，只是有些古书确实没有的，他也不太敢确定。前面第 45—47 页列出的孔子年表（“表 4”），是依据钱穆的著作整理而成，详细记录了孔子的生活大事；借由这份表格，也能让你对孔子的生平与经历有初步的认识。

在接下来篇幅中，我们会就孔子的家世（包括他的父母亲、妻子与小孩）、孔子的外貌、特殊事迹与个性，甚至是他的幽默感来作介绍，希望对孔子有更全面性的了解。

孔子的家世：父母、妻与子女

英文有个词叫 hagiography，中文叫作圣人传记，似乎是从西方基督宗教开始，人们在讲圣人的时候都会有一种固定的写法，第一个一定要写出他的家世，好像这些圣人、贤人如果没有显赫的家世，便显不出他的“圣”似的。这种古代作法，就是让你觉得他天纵英明、上帝很喜欢他，所以才会给他一个好祖先。

这就好比在王肃的《孔子家语·本姓解》中提到的：“孔子之先，宋之后也。微子启，帝乙之元子，纣之庶兄，以圻内诸侯，入为王卿士。”简单来讲就是告诉你，孔子的祖先是商朝的贵族。接下来说：“弗父何生宋父周，周生世子胜，胜生正考甫，考甫生孔父嘉，五世亲尽，别为公族，故后以孔为氏焉。一曰孔父者，生时所赐号也。是以子孙遂以氏族。”则是讲孔子姓孔的几种说法。

就古代的宗法制度来说，姓氏是由嫡长子继承，于是从第一个共同的祖先开始，往下传五世之后，你基本上跟其他人就没有什么关系了，可以别立一支，自己选一个姓氏。所以孔子的祖先不姓孔，这或许是现代人不太了解的逻辑。

孔子姓孔没问题，但孔子的父亲叫叔梁纥，这也很奇怪，按理他不是应该叫孔叔梁纥吗？但也有别的书写说是字叔梁、号纥，或者名叔梁、字纥，也有写孔纥的。其实我们不必追究，那时候确实挺乱的，越到后面才越来越清楚，这是姓氏制度的一个演变，只是刚好在孔子的事情上展现出来。

孔父孔母是野合？

《孔子家语》中提及孔子的家人："孔父生子木金父，金父生睪夷，睪夷生防叔，避华氏之祸而奔鲁，防叔生伯夏，伯夏生叔梁纥，虽有九女，是无子，其妾生孟皮。孟皮一字伯尼，有足病……"说孔家人在孔子的曾祖父防叔这一代，因为要躲避华氏之祸，从原本住的宋国（今河南）跑到了鲁国（今山东）；然后孔子的爸爸叔梁纥虽然生了九个女儿，却没有儿子，只有后来娶的妾为他生了一个儿子，叫孟皮。

那"孟皮一字伯尼，有足病……"，你一看就知道当时是有英语教育的，像伯尼就是Bernie嘛！芝麻街里面不是有一个叫Bernie的吗？孟皮叫伯尼就这样来的，所以孔子又叫仲尼，就是Johnny对吧？一定是有上过英语教室的！

因为孟皮有足病——就是脚不太好，所以虽然是个儿子，但对某些人来说仍是不够完整，于是为了子嗣，叔梁纥最后去颜家求婚。

接下来有段故事记载于《孔子家语》，但《史记》里没有。

颜氏有三女，其小曰征在，颜父问三女曰：“陬大夫虽父祖为士，然其先圣王之裔，今其人身长十尺，武力绝伦，吾甚贪之，虽年长性严，不足为疑，三子孰能为之妻？”二女莫对，征在进曰：“从父所制，将何问焉？”父曰：“即尔能矣。”遂以妻之。

用现代的说法，其实这故事一开始就剧透了，因为颜氏有三个女儿，但老大、老二都没有名字，只有最小的女儿有名字，叫颜征在，这不是剧透是什么？而且所有的故事都是要有“三个”什么，“三”是一个非常重要的数字，所有故事内容都是第一个说什么、第二个说什么，然后第三个说的就是一个翻盘。

颜氏问三个女儿，这个叔梁纥的父祖辈官位不高，却是古代圣王的后裔，而且他身长十尺（换算起来可能有两百多厘米啊，所以有的书说孔子身高一百九十厘米也是有可能的），武力绝伦……虽然年纪稍微大一点，个性也很严肃，你们三个谁能嫁给他？

你看看，这都是现代的征婚条件里最差的人，比如严肃：如果女方问说你的兴趣是什么？读书。讲不讲笑话？不讲。看不看电影？不看。唱不唱歌？不唱。那你还活着干吗？

最后，果然只有小女儿颜征在回答父亲："父亲你决定就行，女儿照办。"你看，多么乖顺的孔妈妈，对吧？

于是，"征在既往，庙见，已夫之年大，惧不时有勇，而私祷于尼丘之山以祈焉，生孔子，故名丘，字仲尼"。那颜征在嫁给叔梁纥之后，因为知道先生年纪很大，怕他哪一天就挂了，毕竟人家娶个年轻太太就是希望自己有子嗣，所以她就到尼丘之山这个地方祈祷，希望能够生一个儿子。后来，这个儿子取名叫丘，字仲尼，也就是孔子。

《史记·孔子世家》的记载则是写道："纥与颜氏女野合而生孔子，祷于尼丘得孔子。鲁襄公二十二年而孔子生。生而首上圩顶，故因名曰丘云。字仲尼，姓孔氏。"其中最尴尬就是这个"野合"，因为反对孔子、恨孔子的人根据这点就说，你看，他老爸跟他老妈就是在野地里做起那件事。

拜托！那里天气很冷耶！除非叔梁纥身体非常好，不然怎么在野地里办事情？关于野合，我觉得比较正式的解释是因为两人的年纪相差太大，所以他们的结合是不太合乎礼的。另外一个解释也很合理：他们两个结婚其实是没有经过正当的程序，像纳采、纳名、请期、亲迎等六礼，才说是野合，这也是一个比较合情合理的解释。

到了孔子三岁的时候，父亲就死了，因此孔子完全没有关于父亲的记忆。

至于为什么孔子的名字叫丘，这件事情有必要讲一下。

《史记·孔子世家》说孔子"生而首上圩顶，故因名曰丘云"，因为他的头啊四面高中间低，所以叫他“丘”。但我想，不是吧？谁生出来是这样的？我从来没看过哪个小孩是头顶四面高、中间低，是在做派皮还是怎么样？没人长这样啊！但是有一次，我去华纳威秀看电影时，发现那个威秀宝宝的头就是四面高、中间低，我一看到它就知道了，原来威秀宝宝是“丘”啊！

孔子之所以叫作丘，我觉得很简单，因为是他的父母“祷于尼丘山”嘛！毕竟对他们来说那是一个纪念地，就像我的同辈里面有人如果是在重庆生的，就会叫什么渝生，那在台湾出生的就会叫台生，就是纪念那个地方。同样的，我觉得他就是因祷于尼丘山，所以叫作丘，而不是真的头顶长那样；不然的话，孔子可能是残疾人啊。

出生时，天有异象？

到了元朝，有一个孔子的后代叫孔元措，写了本《孔氏祖庭广记》记录祖先的故事，里头关于孔子的出生有一些神异的记载。比如说孔子出生的那天晚上，“有二龙绕室，五老降庭”，你想如果有两条龙在上空绕着不去，还有五个老人从天空降下来，这是外星人吧？明明就是外星人登陆地球。

然后还不止如此：“颜氏之房闻奏钧天之乐，空中有声云感生圣子，故降以和乐笙镛之音。”哇！那时候还有音乐呢！钧天之乐就是非常非常好的音乐，我都能想象这时空中传来一个声音：“感生圣子……”

对于出现这种神异的记载，有人解释说，那是因为元朝时被异族统治，汉族武力上打不过异族，就要在思想上糊弄他，告诉他们孔子就是这么神圣。所以，如果你很认真地以为，孔子不是说不语怪力乱神，觉得他的子孙把他写成这样很不应该的话，那也看得太严肃了。我相信当时是要糊弄元朝才会故意这样写。

到了一样是被异族统治的清朝，也出现类似的神异记载，像杨方晃写的《至圣先师孔子年谱》，就称孔子的母亲为圣母。书中还说："妊十有一月而生孔子。有文在胸曰：'制作定世符'。"孔子的母亲怀胎十一个月生下孔子，孔子一生下来胸部就有字。人家岳飞是母亲在背上刻字，但孔子是生下来胸部就有字，写着"制作定世符"，就是说这家伙是来统治世界的。

这个大概也是为了吓唬异族，说我们汉人很厉害，满人虽然打败汉人，但你看我们的孔子是上帝派来、是神明派来的，大概是有这样的意思在其中，而不是真的有神异现象啊！

孔家人都休妻？

《孔子家语》提到，孔子在十九岁的时候娶了亓官氏为妻，一年以后生了个儿子叫孔鲤，字伯鱼。不过，古书对于孔子跟妻子之间的互动，几乎没有记载，甚至后来还有孔子休妻的传闻，就连我之前在大陆上课，也有学生拿孔子三代休妻的问题来问。

我想会有这样的传闻，跟《孔子家语·后孔安国序》的说法有关。书里说："自叔梁纥始出妻，及伯鱼亦出妻，至子思又出妻，故称孔氏三世出妻。”这里的出妻就是休妻之意。好，照这样看来孔家也太不像样了吧？叔梁纥就是孔子的爸爸，他出妻（第一代），孔子的儿子伯鱼出妻（第二代），然后伯鱼的儿子、也就是孔子的孙子子思也出妻（第三代），所以孔家确实是三代出妻。

但这里的三代出妻没讲到孔子啊？如果孔子也出妻，那应该是四代出妻而不是三代啊，所以孔家其实应该是“只有孔子没有出妻”，其他三代都出妻了，就这个意思，就这么简单。可为什么大家都喜欢讲孔子出妻？这就像大家都喜欢看台大人（台湾大学的人）出一点糗事，好比台大人过马路摔一跤会是新闻，因为大家嫉妒你又恨你啊！台大人最好出点事，只要你出事，大家就会觉得，老天爷是公平的！对于孔子大概也是这种心情。

君子就要远其子？

孔子跟妻子的记载很少，跟儿子伯鱼的记载也不多。《论语·季氏》中，“陈亢问于伯鱼曰：‘子亦有异闻乎’”的故事，是少数提到孔子与儿子互动的记载。

陈亢有一天问孔子的儿子伯鱼：“是不是有一些学问是你父亲教你的，但没教我们这些学生的啊？”

伯鱼就傻傻地说：“我也不知道父亲怎么教你们这些学生的，我只知道有一天我想溜出去玩，结果父亲站在那儿。他叫住我，说：‘站住！你学诗了吗？’我说没有。他就说：‘你不学诗，将来怎么知道要在公开场合跟人家说什么话？回去！’”

所以他就回去学诗。然后又有一天，伯鱼又要偷偷溜出去，又被孔子逮住。这次孔子问："学礼了吗？"伯鱼又说没有，孔子说："不学礼，你将来根本就没办法在社会上立足，回去！"于是伯鱼又退回去了。

从这两个人的互动来看，你会觉得这是亲爱的父子关系吗？我觉得这是一个非常奇怪的父子关系，儿子学了诗没、学了礼没，老爸竟然都不知道？

故事的最后，陈亢退而喜曰："问一得三，闻诗，闻礼，又闻君子之远其子也。"这里说的"君子远其子"，很可惜后来竟成为中华文化之中父子关系的榜样，说这个君子呢，不要跟小孩太靠近，以至于后来的父亲都觉得跟儿子的关系不好也很正常。

但微妙的是，中华文化有一种隔代情，父亲跟儿子关系不好，爷爷跟孙子关系却很好。好比《孔丛子·记问第五》所记载，说"夫子闲居，喟然而叹"，孔子有天没事做，感叹了起来，他的孙子子思就问："怎么这样叹息呢？是不是觉得我们这些子孙都不成材啊？还是恨你自己生得太晚，没跟尧舜同一个时代啊？"你看，这孙子灵巧吧，都知道爷爷喜欢听什么。

孔子跟子思说："我想做的你哪里会懂啊？"子思回答："我听过父亲担的柴，要是儿子担不起来，那就叫不孝！所以每次想到这事就很紧张，我怕自己玷污了祖先，或不像爷爷您那么厉害，所以我每天都很努力。"最后，孔子笑着说："哎呀！你这么努力，我们孔家有希望啦！"可见孔子跟孙子的感情很好。

其实孔子不只是生了儿子伯鱼，还有一个女儿，可惜只有暗暗出现过，像是在《论语·公冶长》里提到：“子谓公冶长：‘可妻也。虽在缧绁之中，非其罪也。’以其子妻之。”这里的“以其子妻之”当然不是说孔子把儿子伯鱼许配给他，不是在讲多元成家，而是说孔子把女儿嫁给了公冶长。但这个女儿在这样被淡淡提起之后，便没有其他了。

长人、佛陀还是丧家犬：孔子的形与貌

我们没有人见过孔子，但他究竟长什么样呢？根据《史记》的说法：“孔子长九尺有六寸，人皆谓之‘长人’而异之。”这个九尺六寸大概是一百九十厘米，但也有人说是两百一十几厘米，不管是哪一个都可以想见孔子长得很高。元朝《孔氏祖庭广记》，就是孔元措写的这本，说：“先圣长九尺六寸，腰大十围，凡四十九表：反首洼面、月角日准，手握天文，足履度字……”里面不仅说他长得高，还有很多描述把孔子讲得跟佛陀差不多。

不过《孔氏祖庭广记》有一段描述，是说孔子“其头似陶唐，其颡似虞舜，其项类皋陶，其肩类子产，自腰以下，不及禹三寸”，这段话显然是抄自《史记·孔子世家》里“丧家之狗”的段落，说孔子像丧家之狗。

为什么会这样说？根据记载，孔子在郑国的时候和学生走失，一个人在东门徘徊，于是有个郑国人告诉子贡，东门那边有个人头长得像皋陶（夏朝贤臣）、肩膀长得像子产（春秋政治

家）……然后说这个人“累累若丧家之狗”。各位看过丧家之狗吗？一只狗走丢了，其实是看得出来的，因为家犬通常不会乱看的，流浪犬也不会乱看，只有走失的狗才会左看右看、一直找主人，那就是丧家之狗。因此这个郑国人才说，孔子看起来就像一只丧家之狗。

孔子如何看自己？

无论别人眼中的孔子有多少种样貌，是好是坏，他又是怎么看待自己的呢？或者，孔子希望自己成为什么样的人？在《论语·为政》中有一段孔子的自述，说：“吾十有五而志于学，三十而立，四十而不惑，五十而知天命，六十而耳顺，七十而从心所欲，不逾矩。”

孔子说自己“十有五而志于学”，重点在于“志”这个字。现在很多人都没有志，我们的教育里也没有训练学生要有志。大部分的人应该写过一种作文叫“我的志愿”，小学常常有这件事，写这题目虽然老套，但还能提醒你对于“志”的注意；到了高中，还有老师叫你写“我的志愿”吗？你的志在那时候变成只要考上好的大学而已了。

很多人完成志向、念了大学、读很多书、交了很多朋友，似乎过得很尽兴，但到底认不认识自己，知不知道自己要做什么？等到毕业了，只要你不嫌弃、努力一点，大概三十岁以前都能就业，找到不错的工作，然后呢？一直做做做，做到四五十岁，平安无事，最后却发现自己找不到活着的意义。

志是你心之所主，一辈子想要做的事，找到自己的“志”是人生中非常重要的事情。如果你会处理生活，也要懂得处理生命。

读到这，你或许可以好好想一想，自己的心之所向究竟是什么？

还有，孔子对于礼节的知识非常丰富，因此这里的“三十而立”，指的是立于礼的意思。那四十而不惑呢？我的老师说孔子是“不惑于欲”，说他对各种欲望像金钱、美色等，不会再有困惑。而我觉得这个不惑于欲的“惑”呢，是指情绪控制得宜，不会情绪来了，就什么都忘了！

另外，孔子也觉得自己是好学之人。在《论语·公冶长》里，他说：“十室之邑，必有忠信如丘者焉，不如丘之好学也。”意思是要找个忠信的人，或是道德上很纯朴的人很多，可是如果要找到像我这么好学的人，你们找不到，没人像我这么好学。

希望别人如何看自己？

前面谈的是孔子怎么看自己，这里要讨论的是在别人眼中，孔子是一个什么样的人？或者说，孔子希望别人怎么看自己？这就像社会学说的“自我”跟“他者”一样。以现在的社会学来说，有时候你展现出来的形象，是根据他人对你的形象所作的一个修正，那么孔子也是这样吗？

《论语·述而》提到，有一次叶公问子路，你们老师是什么样的人？可是子路对这人不太爽，不愿意回答。孔子知道以后，便说："哎呀，何必这样呢？你就跟他说我们老师啊，其为人也，发愤忘食，乐以忘忧，不知老之将至。"可以看出孔子希望人家认为他不求什么，是个有自得之乐的人。

说孔子"乐以忘忧"，表示他也有忧虑。一个圣人的忧虑是什么？《论语·述而》记载了孔子的四个忧虑："德之不修，学之不讲，闻义不能徙，不善不能改，是吾忧也。"这当然就是在讲他自己啦！他怕自己不修德、不讲学，然后听到了好的也不能改，不善也不能改，担心自己变成那样的人。

怕自己这样、怕自己那样，听起来孔子好像是个很严肃的人？并非如此，孔子不仅不严肃，甚至很喜欢唱歌。《论语·述而》也说："子与人歌而善，必使反之，而后和之。"如果听到人家唱歌唱得好，他会跟人家说，欸，你唱得很好，可不可以再唱一遍。然后他就会跟着在旁边和唱。这是孔子很活泼的地方，但很多人都忽略了，只以为孔子是个很严肃的人。

孔子的交游：与他者的互动

关于孔子的生平故事，历史上有非常多的记载，有些是真实的，有些是后人穿凿附会，即便是被公认为比较正确的《史记·孔子世家》，也还是不免出现许多有争议的内容。只是，不管准确度为何，《史记·孔子世家》仍旧提供了后人对于孔子的生活想象，让人对于他的生命历程、性格、处事的原则也有更清楚的认识。

孔子见老子

鲁南宫敬叔言鲁君曰："请与孔子适周。"鲁君与之一乘车，两马，一竖子俱，适周问礼，盖见老子云。辞去，而老子送之曰："吾闻富贵者送人以财，仁人者送人以言。吾不能富贵，窃仁人之号，送子以言，曰：'聪明深察而近于死者，好议人者也。博辩广大危其身者，发人之恶者也。为人子者毋以有己，为人臣者毋以有己。'"孔子自周反于鲁，弟子稍益进焉。（《史记·孔子世家》）

孔子年轻时（大概十七岁），在周（今陕西）那边见到老子。但也有人说这年代应该是错的，因为孔子那个时候还太年轻，怎么会去见老子？而且还有一个记载写着他对老子说："吾道不行。"不过十七岁的时候连道都还没行，怎么可能见到老子会说这样的话？但孔子见老子这个记载实在太有趣了，只要是先秦诸子都不会放过这个故事，所以大家都根据这个故事来瞎掰一下。就像现在很多人在什么网站上一看到有意思的东西，哈，不留言实在是太可惜了！所以先秦诸子也是这样，到处留言。

接着老子就告诫孔子："有钱的人送人钱，那像我们这种没钱的人，好歹也是个好人，那我就送你几句话吧！你这种好议人的人要小心，人家听你的话不爽，很容易就把你给干掉；你爱发人之恶，看不惯就出来仗义执言的人，要小心啦，人家也会散布谣言把你搞臭；当别人的臣、别人的小孩，就不要太坚持自己的意见。”潜台词是：因为我穷啊，我小气啊，那我就送你几句话，不用钱啦！

老子这番话是随便说说而已，或生怕孔子是“好议人者”和“发人之恶者”，要特别警惕，还是要告知为人子和为人臣的“无我”，要“顺服权威”？

只是同样的故事，在《史记·老子韩非列传》却记载为“孔子适周，将问礼于老子”[①]，而老子说，如果轮得到你来做，你当然就去做嘛！轮不到你，你就闪呗；又告诉孔子：“良贾深藏若虚，君子圣德，容貌若愚。”好的生意人永远把好货藏起来，告诉别人货卖完了，现在饥饿营销不都这样吗？然后，君子看起来要像一个傻子，大智若愚。最后，老子提醒孔子：“去子之骄气与多欲，态色与淫志，是皆无益于子之身。”多欲不是色欲啦，而是孔子什么东西都志在必得、要治国平天下，野心太大，想要的东西超过自己的能力，这些都对孔子本身没有帮助。

但我想，这个故事只是强调老子希望一个人不要锋芒太露，柔弱一点，不要太刚强，只是他跟孔子的路线刚好相反，因此当然会给出这样的建议！不过有趣的是，《史记》对于同一件事情的记载，在不同篇章却有不一样的内容。

---

① 孔子适周，将问礼于老子。老子曰：“子所言者，其人与骨皆已朽矣，独其言在耳。且君子得其时则驾，不得其时则蓬累而行。吾闻之，良贾深藏若虚，君子盛德，容貌若愚。去子之骄气与多欲，态色与淫志，是皆无益于子之身。吾所以告子，若是而已。”（《史记·老子韩非列传》）

齐景公问孔子

景公问政孔子，孔子曰："君君，臣臣，父父，子子。"景公曰："善哉！信如君不君，臣不臣，父不父，子不子，虽有粟，吾岂得而食诸！"他日又复问政于孔子，孔子曰："政在节财。"景公说，将欲以尼谿田封孔子。晏婴进曰："夫儒者滑稽而不可轨法；倨傲自顺，不可以为下；崇丧遂哀，破产厚葬，不可以为俗；游说乞贷，不可以为国。自大贤之息，周室既衰，礼乐缺有闲。今孔子盛容饰，繁登降之礼，趋详之节，累世不能殚其学，当年不能究其礼。君欲用之以移齐俗，非所以先细民也。"后，景公敬见孔子，不问其礼。异日，景公止孔子曰："奉子以季氏，吾不能。"以季孟之间待之。齐大夫欲害孔子，孔子闻之。景公曰："吾老矣，弗能用也。"孔子遂行，反乎鲁。(《史记·孔子世家》)

孔子到了齐国的时候，齐景公便来问政。孔子说"君君，臣臣，父父，子子"，听起来像在讲相声；齐景公一样也很像相声地跟着说："善哉！信如君不君，臣不臣，父不父，子不子……"如果大家都不照着本分做事，社会就会乱，乱了以后呢？农人不好好种田，也不会好好缴纳赋税。

过几天，齐景公又来问政，孔子又说"政在节财"。不过"政在节财"这句话，在《论语》或其他相关儒家经典里没有出现类似的话，这句其实是出现在《韩非子》。而听到孔子说"政在节财”之后，景公就很高兴，打算把田地封给孔子——以前古人封赏不是给钱的，是给田，这块田就是你的，田里有人耕种这个那个，收成的时候你就跟他分。

但当时齐国的政治家晏婴告诉齐景公，儒家的人骄傲得很，不可为下，他觉得自己比你还伟大，要他们来当臣子是不会服你的；而且这些人对丧事很在乎，就算是倾家荡产也要办一场好丧礼——听起来，孔子可以说是殡葬业的始祖，因为他们对礼、对细节是非常重视。

所以从晏婴的观点来看，儒家就是花太多时间在礼节上面。要知道那个时代已经是礼乐崩坏的时代，但孔子还是非常讲究穿着，行动也讲究礼法，哪里要鞠躬，哪里要怎么样……把礼节搞到非常繁琐的地步。晏婴说齐景公要拿这些来教导老百姓，这不是办法啊！太繁琐了，老百姓没那个耐心。

当然也因为晏婴是齐国人，于是齐景公听完他的说法，再见到孔子时也不再问礼，只表示有人说你们太麻烦了，我不问了！于是孔子来见齐景公，也没有受到重用。尤其到了后来，齐国大夫还想加害孔子，要找个机会把他给杀了。这件事孔子也听说了，但齐景公说：“我老了，起不了什么作用了！”最终孔子只得离开齐国。政治真是非常诡谲、现实的。

非善即恶、非黑即白：孔子的性格

既然是从社会学的角度来认识孔子这个“人”，必然要来看看他是怎样的个性？以我们对孔子的既定印象，想到他只会浮现一个圣人的形象，严谨、不苟言笑，似乎不好亲近，是个相当正直、守礼的人。不过，孔子真的就是这样的个性吗？关于这一点，古籍上有没有什么记载？

魄力与决断

定公十四年，孔子年五十六，由大司寇行摄相事，有喜色。门人曰："闻君子祸至不惧，福至不喜。"孔子曰："有是言也。不曰'乐其以贵下人'乎？"于是诛鲁大夫乱政者少正卯。与闻国政三月，粥羔豚者弗饰贾；男女行者别于涂；涂不拾遗；四方之客至乎邑者不求有司，皆与之以归。（《史记·孔子世家》）

这件事也叫作"诛少正卯"。鲁国有一个家伙叫少正卯，孔子看他很不爽，虽然他也没做过什么杀人放火的坏事，但孔子当政的第一天就把他给杀了。

鲁定公十四年，孔子那年五十六岁，行摄"相事"，有人说相事是当宰相，有人说只是傧相、一个典礼的司仪而不是宰相，但总之，孔子因为相事很高兴而面露喜色。

于是有弟子问孔子："老师不是说祸来了不要怕，福来了也别喜吗？"孔子回答，是有这句话，而且还引用了一句别人的话，说："最快乐的事不就是有一堆人在我手下受我指使吗？"而少正卯这家伙等于在戒严时期思想叛国，于是便把少正卯杀了。

那少正卯到底做了什么坏事？在《说苑》与《孔子家语》

都有提到他“心逆而险”：一、这家伙心里非常阴险，但心里阴险也不至于犯罪呀，他心里阴险是他的事；二、行僻而坚，指这个人行为有问题；三、言伪而辩，讲话有问题；四、记丑而博，他记忆力有问题；五、顺非而泽，这个到底什么意思？具体我也不知道，但孔子因为这五个罪状便把少正卯给杀了。

不觉得这整个故事听起来都怪怪的？所以儒家的后继者会质疑有这样的事吗？为了这样就杀人不太对吧？而且很多书里没有类似记载，也不承认有这样的事。但认为有这件事的是谁呢？在荀子的书里，荀子把这件事大肆宣扬，所以后来很多儒家的人因此很讨厌荀子，都说是他才把孔子搞成这样很难堪的！不过荀子后来变成法家的始祖，他强调礼跟法，这个故事真的很配合礼跟法啊。

认为诛杀少正卯这件事根本没发生过的人会说，孔子曾告诉季康子：“子为政焉用杀。”搞政事干吗需要杀人？要以德服人，而不是以力服人。如果这些话真是孔子说的，那孔子又怎么会在自己当官以后就杀人呢？而且还是没有道理地杀人。他也说过“必也使无讼乎”，连官司都不要打，让双方自己好好地解决问题，为什么这时候就靠杀人，不靠说服呢？

所以，除非你相信孔子的性格不一致，诛杀少正卯才会是合理的；但如果你相信孔子的性格一致，那《史记》的记载可能就有问题。下一个问题就来了：如果是虚构的，为什么司马迁要把它写进去？或许可以这么解释，由古代的观点来看，这样的行为会被认为是个非常有魄力的统治者，能把不适当的人、事预先处理掉，社会便也跟着稳定。

这是为了“大多数的人好”（for the greater good），即使在现今的社会也可能出现类似的事，为了人民的自由、为了领土的完整性、为了国家安全，只要任何人有破坏的意图，可以不经审判把他关起来。或许司马迁记下这故事的用意正是如此。

气节与信用

假如要讲中国历史上谁最倒霉？我想孔子绝对可以排进前十名。他倒霉的时间很长的，在周游列国十四年之间，除了先前提到齐国大夫想要杀他之外，也发生过许多的危机事件。

> 孔子去曹适宋，与弟子习礼大树下。宋司马桓魋欲杀孔子，拔其树。孔子去。弟子曰：“可以速矣。”孔子曰：“天生德于予，桓魋其如予何！”（《史记·孔子世家》）

这是发生在孔子到了宋国之后。有一天，他与弟子在大树下习礼——可见孔子真是弦歌不绝，非常重视礼节，不管在哪里都要练习，绝对不只是念书而已，还有实习课。

简单来说，宋国的司马桓魋要杀孔子，于是拔起树——我想当他到大树下的过程中可能有大喊“我要杀了你”之类的，接着就把那棵树拔起来……请问关那棵树什么屁事？干吗把树给拔了？相当不合理。

有人猜测是不是因为孔子事先得知而走人了，所以等司马桓魋的大批人马赶到的时候，咦，人全不见了！于是一气之下就把那棵树给拔了。当然这是一种解释，不然难道是一大批人到那边，看见孔子，说："对不起，我们其实是来拔树的！没事没事，你们继续演练。"你看这样记载合理吗？

随后，弟子对孔子说："我们快点离开吧！"孔子回答："天生德于予，桓魋其如予何！"意思是天命在我身上，他能拿我怎么样？这也是为何往后的人描写孔子，都讲他理直气壮；也因此在孔子之后的读书人，都会觉得做人要有气节，要效法这样的人。

过蒲，会公叔氏以蒲畔，蒲人止孔子。弟子有公良孺者，以私车五乘从孔子。其为人长贤，有勇力，谓曰："吾昔从夫子遇难于匡，今又遇难于此，命也已。吾与夫子再罹难，宁斗而死。"斗甚疾。蒲人惧，谓孔子曰："苟毋适卫，吾出子。"与之盟，出孔子东门。孔子遂适卫。子贡曰："盟可负邪？"孔子曰："要盟也，神不听。"（《史记·孔子世家》）

你说孔子还能多倒霉？就是这么倒霉。他跟公良孺不过就是经过"蒲"这地方而已，就被人威胁要定个约怎样怎样，要孔子答应不去卫国才行。于是孔子说好，也跟他签约，但孔子签完约后就跑了。

跑了以后，弟子有疑问，刚刚不是跟人家签了约吗？怎么可以不遵守约定？孔子说，那约定不算数，那是被胁迫的；因为这个约定是出于"要挟"而不是"自由意志"，可以违背盟约。

他更拉神明做担保，认为这是神明不会背书的一种盟约，所以自己不遵守约定也是可以被接受的，然后人就走了。

所以你说孔子是一个无论怎样都固执守信用的人吗？其实他也明白遵守信用也是要看状况的啊，要看是跟哪些人讲信用的！

其实先秦时候也流传一个故事，有个人叫尾生，他跟女子期于桥下，结果女子还没来，大水先来了，这个尾生不知变通死抱着桥墩，当然大水来了以后被淹死了呀！所以尾生守了信用，但关于这个故事，并没有人夸奖尾生守信用，只觉得他不知变通。

孔子说要守信没有错，但你如果像尾生那样在危难的时候都不知道要变通一下，就不是孔子要教的。只是很不幸，后来的人并未特别注意到这一点。

认真与龟毛

孔子学鼓琴师襄子，十日不进。师襄子曰："可以益矣。"孔子曰："丘已习其曲矣，未得其数也。"有间，曰："已习其数，可以益矣。"孔子曰："丘未得其志也。"有间，曰："已习其志，可以益矣。"孔子曰："丘未得其为人也。"有间，有所穆然深思焉，有所怡然高望而远志焉。曰："丘得其为人，黯然而黑，几然而长，眼如望羊，如王四国，非文王其谁能为此也！"师襄子辟席再拜，曰："师盖云《文王操》也。"（《史记·孔子世家》）

其实这个故事的重点在于，如果你是孔子的音乐老师一定恨死他了，因为他真是一个非常龟毛的人。

故事是这样的，孔子跟师襄子学鼓琴，学了十天都没有再学习另一首曲子，师襄子就说："仲尼呀！可以学下一个曲子啦！"可是孔子回答："曲子我是学了，可是技术面我还没搞定。"

好吧，过了一阵子，师襄子又说："好了，我看你的技术很高超了，可以啦！"但孔子还是说："可我还不知道这个人（作曲者）要干吗？"过了几天，老师又说："好啦！可以啦！可以了，你已经知道他为什么作这曲子了。"

但此时，孔子又说："可是我还不知道这个人是谁？"好，又一阵子，他终于了解这首曲子，而且弹曲子弹到可以从曲子知道作者的长相，这也太神了。于是孔子说，这个作曲的人长得非常高，然后看得非常远、志向非常大……我知道他是谁了！这个人长得很高也很黑，眼睛像一只羊，统治着四国，这个人要不是文王的话，不可能有第二人。

最后，师襄子尊敬地跟孔子说："我老师说过这正是文王作的《文王操》。"

从孔子学琴的故事可以看出来，第一个当然是孔子学得非常细致，不会随随便便地学着弹一个曲子就算了。第二个是古代的音乐教育可能很有问题，为什么？老师教曲子的时候，怎么没有告诉学生是谁作的曲？当然一般人可能会这样，就像有些学生跟我说最近看一本书好有趣！那是谁写的书？不知道，就是绿皮的那一本。我每次都觉得如果你是小学生就算了，中学生也算了，是大学生了看一本书还不知道作者是谁，不知道出版社是什么，只说“那是绿皮的书”，那我只能说你眼力还不错，不用吃叶黄素。但教学上不能这样呀！

是说教像孔子这样的学生大概也不容易，尤其要教这种学生最好是以小时计费，不然要是以曲计费的话，他会学得非常久，很不划算。

然而这些记载在古书中的孔子故事，多少也透露着孔子的性格，看得出来他虽然是个对自己有要求的人，却又不是完全死板，也懂得变通。只是后人对于孔子的形象有着刻板又既定的想法，以为孔子讨厌有钱人、只注重繁文缛节，于是很容易对他产生误解。

谦虚而自贬

另外呢，孔子并不喜欢别人夸奖他。每次只要别人一夸奖他，他会说，错了，我不是那样的人，我真不是那样的人。

大宰问于子贡曰：“夫子圣者与？何其多能也？”子贡曰：“固天纵之将圣，又多能也。”子闻之曰：“大宰知我乎？吾少也贱，故多能鄙事。君子多乎哉？不多也！”（《论语·子罕》）

这里的“大”要看成“太”，因此叫太宰（或说是“官名”）。太宰问子贡：“你们老师是不是个圣人？不然这个人怎么啥事都会啊？”看起来太宰一定是把“啥事都会”跟圣人画上等号。人家夸奖老师，你当然要把老师再继续往上捧，打蛇随棍上，如此你在圣人门下才有价值嘛。这就像有人问，孙老师的课听说不错，你是为什么去上？没事嘛，那边凉快、人少！你这样讲，别人听起来就怪怪的；如果别人说孙老师的课不错，你回答：我们的老师你知道吗，就是那种现代孔子，到处都碰壁，你现在不跟他学，你都不知道你损失了什么！听起来就比较好一点，虽然完全听不出来是褒还是贬。

所以，子贡回答："我们老师当然是圣，他是老天爷派来的，他就是这么厉害。"还说孔子是上天所钟爱的"天纵之将圣"，如果用音乐家来比喻，叫《*Amadeus*》(《上帝的宠儿》，又名《莫扎特传》)，听起来子贡讲得不错吧？

但是后来被孔子听到了，只说太宰那家伙怎么会懂？然而他心里一定是想："子贡你是我的学生，怎么把话讲成这样呢？人家说你老师好，你就应该打个折扣，说老师没那么好，谦虚一点嘛！我平常怎么教你们的，你竟然把我讲成那样，说我是天纵之将圣又多能，万一来个小心眼的，不就把我杀了吗？"

孔子自己说："吾少也贱，故多能鄙事。"古代讲的"贱"，不是指贱人或矫情的"贱"，那是《甄嬛传》乱教你的。他只是说自己小时候因为环境不好，啥事都得做，所以才什么事都会。他这样自贬身价，只说自己会一些不重要的事，但做一个君子，难道会要求要多能鄙事吗？不需要的，不需要的。这就是孔子自贬而谦虚的方式。

孔老师，笑一个
——孔子的幽默感

关于幽默呢，有几个技巧的，像是同音异义、同字异义、名实不符、自我贬抑、明褒暗贬都是；另外还有一种叫无厘头，就是完全没有道理、讲不出道理的，大概就是周星驰的电影，把无厘头幽默发挥到极致；还有脑筋急转弯的笑话，也都是很无厘头的。好比之前网络流传的笑话，说孔子是中国最伟大的什么家？然后一个小学生在答案卷上写，孔子是中国最伟大的“老人家”。

被誉为幽默大师的近代文学家林语堂曾表示：“幽默是温厚的，超脱而同时加入悲天悯人之念，就是西方之所谓幽默，机警犀利之讽刺，西文谓之‘郁剔’（wit）。反是孔子个人温而厉，恭而安，无适，无必，无可无不可。近于真正幽默态度。”[①]

哈佛大学的期刊上，曾经有一位汉学家做了一个关于孔子的幽默的研究，而本篇再依据我个人的了解来增补，看看《论语》中孔子的笑有哪些、孔子搞幽默的例子是什么。

---

① 林太乙编《论幽默：语堂幽默文选》（上）第 3 页，台北：联经出版事业股份有限公司，1994 年。

孔子的微笑

在讲孔子的师生关系时，《论语·先进》里曾记载，子路、曾皙、冉有、公西华侍坐，子路说起治国之志，“夫子哂之”。这个“哂”到底是什么意思？哂，可说是一种微笑，但绝对不是很好的意思，尤其从后面的内容来看，会知道孔子认为言语不合乎礼的子路，哪里能治国？所以这个“哂”，是那种意思不太好的笑。

这是一种微笑，其他呢？

> 子之武城，闻弦歌之声，夫子莞尔而笑曰：“割鸡焉用牛刀？”子游对曰：“昔者，偃也闻诸夫子曰：‘君子学道则爱人；小人学道则易使也。’”子曰：“二三子！偃之言是也。前言戏之耳！”（《论语·阳货》）

孔子到武城的时候，发现这个地方弦歌之声不绝，很高兴啊，弦歌之声代表着那里的礼义推行得不错，而且有乐，每个人都会唱歌且唱得不是乡土民谣，是对于国家风俗都有帮助的歌。于是夫子莞尔笑曰：“割鸡焉用牛刀？”这里“莞尔而笑”是很好的笑，跟“哂”不同。

但子游（言偃）可能不知道老师在开玩笑，或者以为自己搞错了，再不然是孔子平常不苟言笑，所以对老师忽然的笑很紧张，于是问孔子：“以前我听老师上课说：‘君子学礼乐正道就能爱人，小人学道则容易役使。’所以我才让他们学道，老师您笑什么呢？”

结果孔子看他那么紧张，更高兴了。“二三子！偃之言是也。前言戏之耳。”意思是前面讲的是玩笑话。

这是《论语》里显现孔子最高兴的一章，我想是因为他很高兴终于有学生实行自己的道，更高兴的是他教的东西是有用的，不是空话而已；子游用了，也见到成效了。只可惜子游在《论语》中出现的次数不多，但他能够把孔子的道实行得那么好，是件不容易的事情，孔子自然也非常喜欢他。

也很可惜的是，在记载中，孔子笑得不多，毕竟古代的圣人都不太笑的。

孔子的趣味小故事

孔门其实很活泼，孔子跟学生之间也真的很活泼，不是很无聊、古板的那种师生关系。当然若你把孔子当成圣人，他就会越看越像圣人，你也就认为他一定很严肃；但孔子就是一个老师，跟学生很亲近，拥有一种可以开玩笑的关系。

爱泼冷水的老师

子使漆雕开仕。对曰：“吾斯之未能信。”子说。（《论语·公冶长》）

孔子派了一个人去跟漆雕开说："欸，老师叫你去做官啦！"漆雕开说："我才不相信，没这种事。"子说的"说"是"悦"的意思，意思是孔子听到之后很高兴，哈哈哈，没骗到他。

这不是很"谍中谍"吗？我觉得这也是一个奇特的师生关系。

至于子路，也是孔子很喜欢开玩笑的对象。孔子最喜欢在子路讲完话以后泼他冷水，这大概是孔子最大的乐趣之一。

子曰："道不行，乘桴浮于海。从我者，其由与？"子路闻之喜。子曰："由也好勇过我，无所取材。"《论语·公冶长》

孔子说："我的道在这没办法推行，那我干脆到海外去好了，海外没有礼，就要靠着我的礼跟乐来治理，这样的话，能跟着去的人大概就是子路吧？"我想这一段应该是在子游治理武城之前，所以孔子还不知道自己教导的道到底能不能实行，到底能不能做。

听到孔子这么说，子路好高兴，心想老师漂洋过海也要带我去呢！只是孔子又说了："由也好勇过我，无所取材。"意思是出海要带你，的确是有这个想法，不过到目前为止还缺乏盘缠。这个"材"是双关语，第一个是说没有木材，所以没办法造船；第二个没有钱财，所以没办法买机票买船票，总而言之就是出不了海。出得了海我就带上你，出不了海你就等着吧！

所以，你不觉得子路被孔子泼了一盆冷水吗？

酒量很好的老师

子曰：“出则事公卿，入则事父兄，丧事不敢不勉，不为酒困，何有于我哉！”（《论语·子罕》）

“出则事公卿，入则事父兄，丧事不敢不勉”，孔子前面讲的都是很正式的事情，然后最后却来一句：“不为酒困，何有于我哉！”这些对我都没什么困难，我都可以做得到！

据说孔子非常能喝酒，而且酒量非常好。孔子的七十七代孙孔德成先生，酒量也非常非常好，以前听我的老师说过，说他跟孔圣人（他称孔德成先生为孔圣人）喝酒，都不知道他有醉的时候，称他是海量。其实孔子也曾在《论语·乡党》中说：“惟酒无量，不及乱。”说自己喝酒根本不知道什么叫作量，但总之不会酒后乱性就是。

所以孔子“不为酒困”这一点，我觉得只是他拿自己的酒量开玩笑，到底酒量如何，我们又不在现场，谁知道呢？

爱开玩笑的老师

子畏于匡，颜渊后。子曰：“吾以女为死矣。”曰：“子在，回何敢死？”（《论语·先进》）

孔子在匡这个地方碰到危险，跟一些弟子走失了。后来终于跟颜渊碰到面的时候，孔子说：“我以为你在混乱中死了呢？”

颜渊回："老师，您还在，我怎么敢死呢？"

颜渊的这句话有两层不同的含义，一是说老师还在，我当然不敢死，我是弟子啊，怎么能死呢？第二个是老师年纪比我大，要死也应该是你先死，怎么是我先死呢？当然一般人认为孔门太严肃了，没人愿意做第二种解释，除了我之外，哈！但要知道，一个人遇到大难之后，紧张的情绪突然得到松懈，看到自己担心的亲人、朋友还活着，有时候就会高兴得讲话没了分寸。不然你以为孔子说"我以为你死了"，就是真的诅咒对方死吗？

从这些幽默的小故事来看，其实孔子并不如一般人想象的那样神圣庄严，以为圣人都是不好亲近的人，要与他保持距离。其实在他生活的时代，孔子并不如现代这样被视之为圣人，他就是一个老师，而且是一个相处轻松，又能跟学生开玩笑的老师。

叁

3

孔子到底想什么

——思想与理想

子曰

"山梁雌雉，
时哉！时哉！"

孔子的中心思想就是仁？

以前有一首歌唱到“孔子中心思想是个‘仁’”，加上很多老师都说“仁”字在论语里面出现一百零三或一百零四次（看他怎么算），我们以前念书就这样子认为，考试也这样考的，所以久而久之都觉得孔子的中心思想就是仁。但我的老师说，孔子的中心思想是“时”，而不是“仁”，因为《论语》的第一句话就是：“子曰：‘学而时习之，不亦说乎？’”

大部分的人都会按字面解释，“学而时习之”就是学了去用、很高兴，或者学了不断复习就会很高兴——“说”也是“悦”。可是这明显违反各位的学习经验，如果要你每天读书、每天做测验，你只会气得要死，怎么可能高兴得起来？如果是这样解释的话，当然觉得孔子讲的话一定跟生活经验无关嘛！

那孔子为何要说“学而时习之”，是“不亦说乎”呢？难道只是他特别爱读书吗？

我的老师解读的是，这个“学而时习之”的“时”，其实是一个时机的问题，学了以后有机会用到你学的东西，学以致用，这才是愉悦的！因为你证实了自己学的东西有没有用，而不是学了半天没有人要用；要是没有人用的东西，你学那个干什么呢？

我想很多人在大学四年常有的困扰也是这个，我学这个有什么用？可是有时你真的不知道，自己学的东西真的是有用的呀！像我大学的时候读《四书》《五经》，当时的我绝对不知道自己有一天会教一门关于孔子的课；当时的我如果没有好好读，现在绝对不可能教得了这门课。所以不要小看这个“时”，有时候，你需要一点历史的眼光。

不过“时”在《论语》只出现过两次，另一次是在《论语·乡党》，而且是在一个很奇怪的段落。

色斯举矣，翔而后集。曰：“山梁雌雉，时哉！时哉！”子路共之，三嗅而作。

其实这样的记载显然有些疏漏，因为整个《乡党篇》都在描写孔子平常在干什么，结果却在最后一段插了这句非常怪异的话。

“色斯举矣，翔而后集”是说那个人脸色一变，鸟就飞了。如果你到过树林或森林里，走到某处，那里原来有一群鸟，你一过去，鸟就全部飞了，为什么？因为它一看有人接近不是什么好事，呼啦啦就飞走了，盘旋一圈看你没恶意才会下来。“翔而后集”就是在讲鸟的行为、状态。

总而言之，孔子说：“时哉！时哉！”意思是，你看，连鸟都知道什么时候该逃，人难道连这个都不懂吗？哪个状况是安全的、哪个是危险的都搞不清楚，人连鸟都不如啊。这里的重点，就是“时哉！时哉”。而总计《论语》里面出现的“时”，也就这两次。

倒是《孟子·万章下》提到：“孔子，圣之时者也。”孟子离孔子的时代那么近，孔子的中心思想如果真的是个仁，为什么孟子没把孔子称作圣之仁者也？这也是我的老师说孔子的最高思想是“时”的一个依据。

接下来，我们就来看看孔子的主要思想还有哪些。我将孔子的思想分成以下几个方面来讨论，包含为学、德行、礼乐、理想。

文、行、忠、信或是仁德：为学

有人说孔子要教人家的、要人家学的，其实是文、行、忠、信，像是在《论语·述而》就有“子以四教：文，行，忠，信”的记载。

“文”是什么？有人认为是文章、文学，我的老师解读是“经纬天地”或者“经天纬地”，就是上天下地什么都得学！套用现代的说法，是不仅要学文科也得学理科，若以大学教育来举例就是通识课程。至于文的具体项目，在孔子的时代称为“六艺”：礼、乐、射、御、书、数。

而“行”，或可解释为德行。“忠”字就朱熹的解释，忠就是尽己，自己做好自己分内的事就叫忠，而不是忠君的意思。但很不幸地因为中国专制王朝很长，很多狗腿的知识分子为了让自己活得好一点，就糊弄下面的读书人或糊弄皇帝说，哎呀，我们这些人就是忠君，你叫我死我就死给你看，你不叫我死我就活给你看！于是，就开始了毫无原则的君王支持，不分是非善恶，只为了自己能够存活下去。

最后，“信”指的是修己跟安人，要从自己做起，并且通过一个道德的关系来和他人相互影响。而这里的“德”，除了指人的“私德”之外，更包括“公德”，“公德”内还包含“群德”，也就是人跟人相处该有的分际。一个人的道德教育就是要尊重自己，也要尊重他人，具有对自己的要求，也有对别人的要求，以及人际关系上的要求。

孔子教育的其他说法

同样在《论语·述而》中，对于孔子要教的是什么还有一种说法：“子曰：‘志于道，据于德，依于仁，游于艺。’”有人解释“道”是一个天体运行的规律，类似自然法则，然后“道”到了人间就变成了“德”，跟着自然法则的规律，是为“天人合一”。所以人跟人相处的道理就像天体运行一样，大家有各自的轨道，谁也不会撞到谁，这种井然有序便是“德”。

在西方，19 世纪英国社会哲学家斯宾塞（Herbert Spencer）的《教育论》也有“德育”的概念。他提出教育的三个基础是智、德、体，我们的教育基础则是德、智、体、群、美，五育并重，但我都写成“五育病重”。我们的教育从来没有认真地五育并重过呀，比如申请学校时，学生的其他几育重要吗？德、智、体、群、美，照道理美育应该也很重要，但没有人重视美育。你的智力不需要美吗？体育不需要美吗？我们的思想观念不需要美吗？美不是“漂亮”两个字而已，更是要适合当下的状态。我觉得至少在中华文化里，对于美的概念实在有待加强。

那“依于仁”的“仁”，则是指两个人的关系。《礼记·中庸》说：“仁者，人也。”东汉郑玄注：“人也，读如相人偶之人，以人意相存问之言。”意思是相互致意、相亲相敬，也就是社会学谈到的二元体概念；二个人之间该有什么样的互动关系、该有什么约束、该有什么规范，其实不是很复杂的概念。朱熹就说：“仁者，本心之全德。”所有道德的总项目就叫仁，再翻得比较白话一点，对别人好就是仁，把人当人看。

这其实也是20世纪九十年代，集合全球宗教哲学领袖的全球伦理会议（Global Ethics）提出的结论之一，简单来说就是人道原则（Humanitarian Principle）。另外一个原则是包含两个子原则，一个是积极面，中文可以翻译为“己立立人、己达达人”，是说自己好，也要让别人好；第二个是消极面，意思是“己所不欲，勿施于人”。很多文化或宗教里也有类似的概念，但非常奇妙的是在全球伦理会议的讨论中，世界的文明常常是跟宗教挂在一起，而儒家没有，却在那么久之前就提出了如此简单的道理，一个全世界跨文明、跨宗教都共同认知的简单道理。

孔子的职志

在第二章时，我们也提到《论语·为政》中，孔子形容自己：

“吾十有五而志于学，三十而立，四十而不惑……”重点是在于“志”而不是学。

关于这一段，朱熹解释得最好：志者，心之所之也。你心的方向，就是志。而孔子在十五岁那年，就以“学”为人生的使命与职志。

至于在《论语·述而》，则说：“默而识之，学而不厌，诲人不倦，何有于我哉？”所谓“默而识之”，是指他学习的时候默记着；“学而不厌”，是说他怎么学都不会厌倦，就像现在很多人玩电游就会沉迷一样，怎么做都不厌倦。其实这是一种很罕见的能力，孔子特别的地方也在这里，因为很多人都是学而会厌，但他就是不会。

说到“诲人不倦”，在我自己当老师了以后，觉得孔子真的很伟大，他“诲人不倦”，而我现在已经跟学生越来越遥远了，这个诲人有时候是会倦的。

所以在孔子的精神中，有学、有诲，把学的东西告诉大家，“何有于我哉”，对孔子而言，学跟诲没什么，都很简单。

同样在《论语·述而》中提到：“若圣与仁，则吾岂敢？抑为之不厌，诲人不倦，则可谓云尔已矣。公西华曰：‘正唯弟子不能学也。’”

“若圣与仁，则吾岂敢？”显然那时候有人夸奖孔子，说他是圣人或是仁者呀！但孔子说，我不敢，我没那么伟大。他大概觉得只有像尧舜这样子的人才可以算是圣人，自己绝对比不上。

至于“抑为之不厌，诲人不倦”，这跟前面“学而不厌，诲人不倦”一样，不过是说他只是喜欢学，喜欢教人家而已，没别的长处。但这一段最后有一个奇怪的尾巴——弟子公西华在旁边嘟囔“正唯弟子不能学也”，意思是老师您这本事弟子们都学不到！

在中华文化里面，好像弟子都得表现出比老师差的样子，这样老师才会高兴；要是表现得比老师好呢，当老师的大概就会生气。在武侠小说里面常常有这种剧情，师父一定会留一手，为什么？因为怕徒弟哪一天背叛师门，现在不留这一手到时徒弟就把自己杀了。我从小看戏都看得到这样的情节，每次最后徒弟要杀师父，师父必定要说“你这个忘恩负义的人，我就知道会有这么一天”，然后使出了一个功夫把那个徒弟干掉，“哇”的一声吐血而死……这是文化最大的问题之一，到今天我们都受现代教育，那么现代化了，还觉得学生不如老师、老师教书留一手是应该的，怎么会进步呢？当老师的是要能教出超越自己的学生啊！

“学”的秘诀

孔子好学而多学，但他究竟是怎么学习的呢？有没有什么要诀？

子曰：“赐也，女以予为多学而识之者与？”对曰：“然，非与？”曰：“非也，予一以贯之。”（《论语·卫灵公》）

赐是子贡的名字。在古代或在《论语》里面，“女”常是“汝”，孔子说，“女以予为多学而识之者与”，你认为我是那种很博学，然后记忆力很好的人吗？潜台词就是：你认为我就是一个 3TB 的硬盘吗？

子贡答：“当然是呀！老师，您不是吗？”所以在子贡的心里，老师就只是一个博学多闻的人。但孔子说，不是的，“予一以贯之”，只是用一个道理来贯通所有的学问。至于这一个道理是指什么？其实孔子也没讲清楚。

另外在《论语·里仁》中，孔子也对弟子讲到“吾道一以贯之”，但其实也没讲清楚是什么就走出去了。后来曾子就对其他学生说：“夫子之道，忠恕而已矣。”表示孔子一以贯之的就是忠恕。于是很多人把曾子的答案当成是孔子的答案，认为孔子就是忠恕之道，但这太低了，绝对太低了。老师虽然是教学生，但学生还听不懂呀！听不懂“予一以贯之”，但老师没说，学生也不敢再问。

在我看来，“予一以贯之”是一种孔子的幽默感，其实他很喜欢玩弄字词的意思，比如在这，“一”只是要对应“多学而识之者”的“多”——你认为我学了很多吗？不多也！就像在《论语·子罕》里，某一次有个人跟孔子说，你好多能！孔子就回：“不多也！”类似这种都是孔子独特的玩笑。

“学”的目的

那么，学了以后要干吗？《论语·泰伯》里，子曰：“笃信好学，守死善道。危邦不入，乱邦不居。天下有道则见，无道则隐。邦有道，贫且贱焉，耻也；邦无道，富且贵焉，耻也。”孔子要你相信你学的东西是有用的，但我们现在很多人都不知道学有什么用，根本不笃信，当然也就更不会好学。

而“危邦不入”，比如现在欧洲某些地方发生恐怖袭击时，除非你是有任务在身的记者，否则暂时不去那些地方绝对是明智的，这是常识，对吧？“乱邦不居”，一个国家要是像叙利亚那样的情势，你还说：哎呀，那个地方现在房价便宜啊，现在买房子去，等大局稳定以后，我就是房地产大亨了！如果你有这种想法，也是蛮特殊的。

“天下有道则见，无道则隐”，明君、明相在位时，你出来行道，是合道理的；但如果君臣都很昏庸，你还出来选或者还出来帮忙，就是没道理的事情。“无道则隐”，有人说无道就隐居起来，但我解释得比较积极性一点，不是隐居起来，而是藏道于民。你在民间做一些教育工作，等到无道的现象过去，就能恢复政治秩序或道德秩序，所以不是隐居的啦。

“邦有道，贫且贱焉，耻也”，如果国家太平，你竟然贫、没有钱，且贱、没有地位，表示你这个人根本就无能，无能当然就耻啦！国家情况那么好，你还一天到晚说这个世道太差或怎么样，那就是你个人的问题。

但反过来说，要是“邦无道，富且贵焉”，其实也耻啊！如果在国家混乱的情况下，你还能赚大钱，像是在战争的时候发国难财，不是很羞耻的事情？儒家的立场不是说不让你发财，很多人念到这一段就觉得，哎呀，儒家不主张发财有钱。有一句话叫“为富不仁”，过去我一直认为这句话一定是孔门里面的谁说的，说这些发财的人啊没一个是好东西；接着下面还有一句话，把两个字倒过来，叫“为仁不富”，说做好事的人绝对不会发财。

你想，这听起来太像孔子他们讲的话了嘛！对吧？但去查一下，结果是出现在《孟子》里，那是孟子说的吗？不对，是书里引用的，一个叫阳虎的人说过这句话。所以如果不查证，就会以为是孔门的想法。

实际上，孔子曾说过的是：“富而可求也，虽执鞭之士，吾亦为之；如不可求，从吾所好。”（《论语·述而》）简单来说是君子爱财、取之有道，但不知道为什么常被后人误解，认为儒家的人都不在乎钱财，造成后来会有君子一定要很穷、不穷就不是君子，而且有钱人便不是君子的想法，这其实是误会了孔子的原意。

不过无论如何，要学的终归是“道”，从一个人的居住到财务、工作，都能以“道”贯之；有了“道”，也才有了行事的准则。

为学的古今差异

在古代，“德”是先于“学”的。因为学不一定是那么基本的东西，但每个人都要生活，大家生活在同一个群体里面，于是德就变得非常重要。

因此在《论语·述而》里，孔子就说：“德之不修，学之不讲，闻义不能徙，不善不能改，是吾忧也。”一个人不修德，然后又不讲学，听到义事又不去做，做了错事还不愿意改，只会说：没办法，我的毛病就是这样！脑子很僵固。这是孔子忧心的地方，但他的忧也不是忧别人，而是忧自己。

儒家最重要的一个地方，就是什么东西都先思考自己有没有做到，不是别人有没有做到。但到了现代社会，不知为何一有什么事情，不是先想自己的问题，而是别人没有做到的地方，都是别人对不起自己，自己好得很。

我以前教“爱情社会学”，所以常常有人来跟我讲自己的爱情故事，讲的人都没有提自己的缺点，每次都是别人的缺点，我从古早听到现在都是这样：老师你不知道那个人，怎么样怎么样怎么样怎么样……我说，既然那个人怎样怎样怎样，正常人不都赶快跑了，你们干吗还在一起？你认为自己是“复仇者联盟”吗？你要拯救这个世界吗？

接下来这句话，出现在《论语·宪问》：“古之学者为己，今之学者为人。”这句话光看表面，会觉得有什么不对，为己不是很自私，为人不是很好吗？但这里不是那样解释的。

为己，是事事都先想着自己做得到或做不到，而不是要求别人、责备别人；为人呢？即是很多像我们当老师的或知识分子，都是满嘴仁义道德，但做的可能是狗屁倒灶的事情。所以呢，为己的另外一种解释是：欲得之于己也，希望我学的东西对自己是有帮助的，但为人并不是希望对别人有帮助，不过是为了获得名声而已。

总而言之，由于孔子这么对比了，仿佛一个比较好，一个比较差，但我觉得有时对比的原因，不是因为一个好或一个不好，而是时代的不同；只不过在传统的解释上，都希望世界上只有好人跟坏人两种分别。就像我小时候看电影最重要的一个工作就是要分出里面的好人跟坏人，所以后来看到主角既不是好人也不是坏人，或是很难区别的时候，我就看不懂了。

私德、群德与政治：德行

孔子认为自己天生有德，尤其在危难的时候，他说过一句话："天生德于予，桓魋其如予何？"就是出自之前提到的《史记·孔子世家》中，司马桓魋要杀孔子的故事。"天生德于予，桓魋其如予何？"我这人有天命在身、是有德的人。虽然没有地位、虽然不是贵族，但是老天爷让他有德，就是让别人灭不了他。现在有多少人敢讲这样的话呢？

德与政治的关系

在《论语·为政》中，孔子说："为政以德，譬如北辰，居其所而众星共之。"这句话常常被误解，说为政的人啊要有德，有德以后呢，其他人就会像天体几大行星一样，每个人都会在自己的位置上。

有人因此觉得，这意思是如果君王有德的话，这个政府会不得了。其实这是误解，只读了第一句而已。君王的德必须得到身边大臣的臣服，况且这个德也不只是私德而已，还要有群德。“为政以德”，并不是你只要自己有德而已，是你我要发生一点关系，要互相影响，大家得共同来做一件事情，大家在同一个朝廷里面或在同一个团体里，我们要有共同奋斗的目标，没有的话，只是你做你的、我听我的嘛！

以前有学生写论文要找我，也是这种状态。“老师，我希望找你写论文。”我说：“为什么呢？”他说：“老师，我希望你逼我。”我说：“同学，我不是皮绳愉虐社的，你看清楚，我从来不搞SM。”

他说，老师，我不是那个意思。但不就这个意思吗？只是没有真正的鞭子嘛！他觉得老师得这样三不五时地打电话来问：“哎呀，你的功课做了没？你的进度有没有赶上啊？”赶不赶进度那是自己的事情，怎么是老师的事情呢？到了写论文的阶段还要人家逼，是要找一个奴隶主，自己心甘情愿当奴隶吗？我可不是奴隶主！

但孔子也讲过一个让人惊骇的诠释。有人问孔子，卫灵公无道啊，这家伙无道到该毙了，怎么这个卫国还不亡国呢？孔子说，他怎么会亡国呢？卫灵公下面的大臣每一个都在自己职位上做得很好，即便是昏君，只要有很好的臣还是不会亡国的。可如果是你自己有德，万一下面的人都是昏臣，你不也是昏君？因为你也搞不定昏臣啊！所以，你要知道孔子提出的是一个团队配合协作的概念，从个人生活到政治都是如此。

《论语·为政》也提到：“道之以政，齐之以刑，民免而无耻；

道之以德，齐之以礼，有耻且格。”为政用刑，可以治国，但是呢，老百姓只是怕你的刑罚，这个不是治本，只是治标之道而已。治本之道当然是你要“道之以德”，这个德还是一样，自己要有私德，也要有群德。你的私德会让人家觉得要效法你，风行草偃；你的群德，会让百姓知道你有照顾他们、了解他们的需要。

所以不要用那种硬邦邦的“要不然就抓去枪毙”这种话当作管理的手段，人民如果不懂，你该教他，这个人就会知道自己做错了，也会改正。

讲到德呢，也就讲到风行草偃的问题。在《论语·颜渊》里有一段季康子问政于孔子：“‘如杀无道，以就有道，何如？’孔子对曰：‘子为政，焉用杀？子欲善，而民善矣！君子之德，风；小人之德，草；草上之风必偃。’”

季康子说，我把那些无道的家伙全部抓起来给我杀光，剩下有道的人，那这不就世界太平了吗？孔子回他：你政治是靠杀人的吗？你只要想做善的事情，老百姓就会跟着你，为什么？因为君子之德就像风一样，小人之德就像草一样，风吹过草上，草就会跟着风吹的方向转！

但之前有一次，我把这个解释传给别人看，结果对方说：“哦，原来是这个意思啊！我还以为风行草偃，是说这个君子之德啊，就像风一样，吹过去就没啦！”我想这什么逻辑啊，所以君子或君王就装成有那个德行，上台讲两分钟，下台后一切宛如风吹过去就过去了吗？这个解释我从来没听过，但是真的是神解啊！

外在与内在的制度：礼乐

在社会学里，除了人际，我们也很关注“制度”。孔子对于制度有没有什么说法？有，就是礼乐，孔子认为礼是外在的一种制度，而乐是要打到人的内心。

只是在《论语》里并没有详细地规定礼乐该是怎么样，后来汉朝的一些学者，根据不管是真的还是想象出来的周礼，建构了一个非常复杂的制度，说什么礼该有多少人该做多少事……有的还画了图告诉你该怎么样，搞得非常繁复，繁复到为了形式而失去孔子非常注重的“心意”。

在这一段落，我们要来看看孔子提到“礼”的几种说法。

合乎内心感受的礼

子贡曰：“贫而无谄，富而无骄，何如？”子曰：“可也。未若贫而乐，富而好礼者也。”子贡曰：“《诗》云：‘如切如磋，如琢如磨。’其斯之谓与？”子曰：“赐也，始可与言《诗》已矣！告诸往而知来者。”（《论语·学而》）

子贡其实是个非常骄傲的生意人，他的商人心态一直没有改变过。有一天，他问孔子：“如果有一个人，穷的时候不仅不谄媚还很有骨气，有钱时也不骄傲，那这个人怎么样？”可见在子贡的心里，这已经是很高的境界了。没想到孔子淡淡地说了一句："可也。"你光从这语气，就知道也不怎么样，只是可以而已。

孔子接着说："未若贫而乐，富而好礼者也。"这样的人还追不上那种虽然穷却不失志且坚守正道的人，比起有钱、能回馈社会的人，对孔子来说，这是更值得赞许的境界。

于是子贡为了表现自己还是个不错的学生，毕竟老师都这样纠正了，说："老师您说的是不是《诗经》上'如切如磋，如琢如磨'的意思？"这里的"如切如磋，如琢如磨"是《诗经》里形容道德崇高的君子的说法。孔子当然也是希望学生有天分、希望鼓励学生，希望他下个月还能继续缴学费、下堂课继续来上，于是称赞子贡，说他领悟性高，还可以跟子贡一起研究《诗经》。

林放问礼之本。子曰："大哉问！礼，与其奢也，宁俭；丧，与其易也，宁戚。"（《论语·八佾》）

《论语·八佾》里也有两段关于孔子针对"礼"的解释。

林放这个人在《论语》里就出现过两次。在这里，他问孔子，"礼"最根本的东西到底是什么？孔子给的答案也很随兴："礼与其奢也，宁俭；丧，与其易也，宁戚。"也没有直接说礼是怎样怎样，而是当礼在奢跟俭之间比较时，俭比较好；办丧礼的时候，与其很简单地就把先人下葬了，一份哀戚的心情更为重要。

孔子的"礼"是要合乎当下的情况，比如以葬礼来说，最重要的是那份哀戚的心情。礼，其实是合于自己内心的真实感受。

定公问："君使臣，臣事君，如之何？"孔子对曰："君使臣以礼，臣事君以忠。"（《论语·八佾》）

而定公问孔子，君臣之间的礼该是什么样的？他的答案是："君使臣以礼，臣事君以忠。"其实这是有因果的关系，因为君主要先待臣以礼，臣才会对你忠啊！所以如果你对待大臣都没有礼，那人家干吗忠于你呢？当然就走了呗！从这样的回答来看，孔子才不强调一定得要忠君爱国。柳下惠是，但孔子不是。

柳下惠呢，就是人家用他，他就认真地守在岗位上——你用我，我是这么认真；你不用我，我也不会抱怨你，不会嫉妒也不会骂你，柳下惠就是这样一个人。但孔子不是，他会说，你必须先以礼待我啊！

子曰："恭而无礼则劳，慎而无礼则葸，勇而无礼则乱，直而无礼则绞。君子笃于亲，则民兴于仁；故旧不遗，则民不偷。"（《论语·泰伯》）

礼究竟有多重要？孔子说"恭而无礼则劳"，意思是即使你这个人很恭敬，但是没有仁、没有礼，一切都白费，恭也是要合乎礼。"慎而无礼则葸"，即使你这人很谨慎，但不合乎礼法，就仍是畏首畏尾的。"勇而无礼则乱"，这我想大概是讲给子路听，因为子路这个人正是只有勇而已。

虽然一般都说子路只有勇，但其实子路很不幸地就败在“礼”上。事情发生在子路跟人家决斗的时候，因为帽子的系绳被敌人砍断了，子路觉得君子穿着不整齐不能打、不能跟人斗生死，这样不合乎礼，于是他把刀子一放，想要先来绑帽子。结果对方趁这个时候把他杀了，还把他剁成了肉酱。后来孔子听到这个消息，把后院里的一缸子酱物给扔了。

孔子的难过，我想除了是子路死了以外，也难过子路的礼是自己教他的，没想到他却因为礼而死。我想，后者的难过是很多人没注意到的，好比有一天要是我听说学生或朋友为了要捡这本书，却掉到水里淹死了，能不难过吗？我希望以后如果发生这本书掉到水里的情况，各位就让它掉到水里，千万不要去捡它，反正书店都还有卖！懂吗？

最后是“直而无礼则绞”，虽然这人很正直，但因正直而对别人无礼，有时也是一种伤害。如果有人说：“孙老师，我觉得您很胖！”你干吗一定要这样讲呢？如果是我说自己胖，那是自嘲，可是由你讲出来，那就叫伤害、毁谤、中伤啊，虽然你是出于正直之心也是一样。

集各家之长的乐

孔子其实很博学，不只在知识方面，还包括了乐，像《论语·八佾》也提到：“子语鲁大师，曰：‘乐其可知也：始作，翕如也；从之，纯如也，皦如也，绎如也，以成。’”可见孔子周游列国不是到处去玩、去观光的，他同时还考察了各地存留的周朝礼仪，尤其是“乐”的部分。

当他回到鲁国，发现鲁国很多乐师都跑了，便开始致力于恢复传统礼乐，如此看来，他也是一个文化的传人。所以孔子才会告诉鲁国的音乐大师：“乐其可知也：始作，翕如也；从之，纯如也，皦如也，绎如也，以成。”就是讲到乐其实有一个结构、章法，只要照着章法来做就对了。

听起来，孔子讲的这个乐比较像西方音乐的古典时期，像什么奏鸣曲都是要先一段这个再一段那个什么的，非常规矩，好比你听莫扎特、海顿、贝多芬的音乐都是这样，规规矩矩，甚至有时候可以预测得到，非常工整。

孔子也不只是保存音乐，还很喜欢唱歌。我想如果他生活在现代，一定是KTV的常客。之前也提到，在《论语·述而》里就有“子与人歌而善，必使反之，而后和之”，说孔子呢，只要听人家唱歌唱得很好，就会要求人家再唱一遍，然后还会跟着唱。显然孔子是个和音天使，不管人家唱什么调他都能和，这很不得了啊！

只是这一段也是很少人关注的，但我觉得孔子爱唱歌其实是反映了他的心情，不然你以为孔子每天都很严肃，像我一样皱着眉头教学生吗？才不是呢。就像孔子的爱徒颜渊也不是一天到晚一箪食、一瓢饮，一副吃不饱的样子，又不是“饥饿三十”的发起者，也不是人家说他是道家派来的卧底，不求这个也不求那个，不是的，颜渊其实有很大的想法。

好比有一天，他问孔子要怎么治理一个邦国？这段出现在《论语·卫灵公》。孔子回答：“行夏之时，乘殷之辂，服周之冕，乐则《韶舞》。放郑声，远佞人。郑声淫，佞人殆。”

孔子对夏、殷、周三代各有取舍，什么东西好就采用什么，像夏朝的历法好，就用夏朝的；殷朝的车子做得好，就用殷商的车子；周朝的帽子做得好，就用周朝的帽子。孔子觉得要集各家之长，因此才会被孟子称为“集大成者也”。

所以在音乐方面，孔子个人推崇《韶乐》、喜欢《韶舞》，也说千万不要让郑声变成主流，因为郑国的音乐是“淫”，淫不是现代的意思啊，是形容太超过，郑声太过于表达自己的情绪。同时也要“远佞人”，佞是《论语》里面最糟糕的字，就是那种只说好听话，却没有任何真心意的人。我们这一生都会碰到不少这种人，把话说得极度好听，所以我的葬礼一定要请这种人来。

“放郑声，远佞人。郑声淫，佞人殆。”你看，孔子在那时候就会英文对吧？佞人，去死吧！DIE（殆）！当然这里的“殆”是指危险的意思，不过跟死也差不多了，是吧？

未来的想象
——孔子的理想世界

我们探究孔子的思想，也应该要看看孔子心中的理想世界、对未来的想象是什么。除了他当下生活的时代，其实他是对人的未来有想象的，所以这边要来聊聊他心中的理想道德、人格跟社会。

过去大家总认为孔子的中心思想是“仁”，但我的老师说，仁是所有中国哲学家的思想，并不是孔子的专利。然而让一个君子的概念，从有地位的人、暂居高位的贵族或皇族这样的专有身份，转变成在道德上或精神上的贵族，却是从孔子开始的；像这种把社会地位导向一种心灵状态，其实是一个很大的转换。

因此，我们就从仁、君子与社会的层面，来看看孔子心中的理想。

克己复礼：仁

子曰：“人之过也，各于其党。观过，斯知仁矣。”（《论语·里仁》）

“人之过也，各于其党”，这个“党”就是“类”的意思，也就是说，什么样的人大概就会犯什么样的错误，比如做生意的人就会犯偷斤减两的错——但其实也是中国历代对生意人的一个刻板印象。“观过，斯知仁矣”，你从他犯的过，就知道他是属于哪一类的人。

很多人以为儒家不喜欢商人，但这不是孔子讲的，而是《孟子·滕文公上》中，引用阳虎的话，说：“为富不仁矣，为仁不富矣。”后来却被演变成儒家的说法，说有钱人大概都没有一个好东西；如果你是好东西，大概都不会发财。导致在某些仇富情结、某些思潮里，都会觉得发财致富都是有罪的，有钱的都不是好人。这其实是一种偏见。

接下来是孔门第一弟子颜渊问的问题，这个问题非常重要。

颜渊问仁。子曰：“克己复礼为仁。一日克己复礼，天下归仁焉。为仁由己，而由人乎哉？”颜渊曰：“请问其目？”子曰：“非礼勿视，非礼勿听，非礼勿言，非礼勿动。”颜渊曰：“回虽不敏，请事斯语矣！”（《论语·颜渊》）

在思想上，颜渊这个弟子跟孔子是最接近的，虽然他好像小了孔子三十岁左右。“克己复礼为仁”，有一种解释是“克己”跟“复礼”就是“仁”，“为”在这里的解释为“是”。但也有人说不是这样，“为”是“行”的意思，如果你能够“克己复礼”，那你就是行了仁。不过无论是为或是行，意思其实差不太远。

“一日克己复礼，天下归仁焉”，则是一个非常大的跳跃。

在这里，是谁“一日克己复礼”，天下才会归仁？当然是指所有人都克己复礼，天下才能归仁，而不是你颜某人“一日克己复礼”，天下就能归仁。还有另外一种解释，是作为君王的人“一日克己复礼”，有风行草偃的效果，大家也学会跟着君王这么做，天下就会归仁。我觉得后者说的比较有道理！

“为仁由己，而由人乎哉”，那这个“仁”呢，因为跟“人”是同音，所以有时候也被视为同义。“为仁由己”，仁当然要从自己开始做起，儒家强调什么事情都从自己做起，再慢慢去影响周边的人。

于是颜渊进一步问：具体要做的是哪些事？孔子回答：不合礼的事情，别看；不合礼的东西，别听；不合礼的事情，别说；不合礼的东西，别行动。最后，颜渊说：我虽然是不够聪明的人，但我会努力地去做。

说自己不够聪明，只是儒家自谦的方式。要是颜渊再不够聪明，那儒家就没聪明人啦！

仁的标准是什么？

樊迟问知。子曰：“务民之义，敬鬼神而远之，可谓知矣。”问仁。曰：“仁者先难而后获，可谓仁矣。”（《论语·雍也》）

樊迟是帮孔子驾车的人，感觉不太聪明。他曾经问过孔子三次关于“知”的事，孔子三次的回答都不一样。有人说孔子是问同答异，不同的弟子问他，回答的也不一样，这是因材施教的关系。另外还有一种解释，孔子是看你有什么病，再针对你的病作回答，就像拿药单一样。

其实“问同答异”是非常有教育意义的，不然的话，就是一个标准答案走遍全天下，不会对所有人都有帮助；一种教学方法也不可能适用所有的人，有些人认为好、有些人认为不好，要如何达到最大化，我觉得才是重要的。

这里的“樊迟问知”，是樊迟问什么样的境界或什么样的行为叫“知”（智）？孔子回答“务民之义”，听起来是把主语当成是君王，当君主的人治理老百姓，要“敬鬼神而远之”，因为在那个时代的老百姓还是相信鬼神，人们的智慧、理性还没有那么发达，这在第一章的“圣哲诞生的时代——孔子之前的大我脉络”也提到过。

那为什么要敬鬼神？这里的“敬鬼神”，比较像是“慎终追远，民德归厚”的意思，鬼神是我们的祖先，应该尊敬；“而远之”，但不要认为鬼神真的能够影响我们什么。至于君王如果能这样做，就是“知”，不要用鬼神来吓唬人民，因为愚民政策是非常危险的，善待老百姓、让老百姓养成好的风气，对人民好，人民也会对你好，这对统治是有帮助的。

接着樊迟问仁，孔子回答：“仁者先难而获，可谓仁矣。”简单地说，只要你对人家好，自己多付出，人家就会对你好。

这是孔子对仁的一种说法，但在《论语·卫灵公》里面又有不同的解释。

子曰：“志士仁人，无求生以害仁，有杀身以成仁。”

这句话当然说的是一个很极端的状态，不然你行仁非得要杀身才能成仁的话，那不是太可怕了吗？行仁并不是这样。这里只是说，在最极端的情况下，有些人宁愿牺牲自己的生命来完成“仁”，是指在最差的情况下会出现这样的行为。总而言之，仁人不会害人，而一个立志为仁的人，他会去救别人，甚至牺牲自己的生命去拯救别人。

孔子的弟子子贡一直想知道仁的标准是什么，所以不说后世读《论语》的人不知道孔子的仁是什么，就连跟在他身边的弟子也不知道，于是拿实例来问孔子。

子贡曰：“如有博施于民而能济众，何如？可谓仁乎？”子曰：“何事于仁，必也圣乎！尧舜其犹病诸！夫仁者，己欲立而立人，己欲达而达人。能近取譬，可谓仁之方也已。”（《论语·雍也》）

子贡说，如果有一个人能够把自己所有的东西拿出来救济众生，这个人怎么样？可以称为仁吗？但孔子一听，说这岂止是仁，已经是圣了啊！他还说，这连尧舜都做不到，感觉“仁”的标准很高啊！只是孔子后来又讲了一个很简单的标准：“仁者，己欲立而立人，己欲达而达人。”意思是仁要从自己做起。

若是你要立身于社会，就要做出对社会有贡献的事，同时也帮大家找出立身于社会、对社会有贡献的方法；要是你自己发达了，找到了永续方向，也希望别人能够共享这个结果。孔子说：“能近取譬，可谓仁之方也。”只要秉持这个简单的道理，就会知道怎么样行仁。这段话非常的重要，我自己也非常非常喜欢。

不忧不惧：君子

在传统的意义上，“君子”就是统治者，但到了孔子，他把这个意思改成只要你在修德的上面有成就，便能被视为是一个君子。这像是把一个专制时代的概念转变成民主的概念，而君子可以靠着自己的努力做到，人人都可以达到的境界，所以孔子谈论君子也谈得非常多。

《论语·为政》里有一句话，也是《论语》里面最简单的一句话之一。

子曰：“君子不器。”这里当然先得看关键字“器”是什么意思？有的人会解释说，君子不是一个容器。不是一个容器是什么意思？君子当然不是个容器啊！这种解释就像说：“你是人还是东西？”结果你说：“我不是东西。”是一样的意思。

如果从“物”的角度来看，器是代表“用”的概念。朱熹提出“器者各适其用而不能相通”，把它延伸为人的“才艺”，不过晚清的经学家戴望倒是例外，强调的是“容量”。

到底什么叫“君子不器”？我的老师诠释得比较好，他说，君子不会像一个“器”那样容量有限，所以君子是宽容大度，有胸怀跟气度。这样解释就容易理解，君子是有德之人、度量很大，不是像一个器被限制住。

当然要锻炼到这种胸怀，真的非常困难，因为成为君子不是一件容易做到的事情，不然孔子还教你半天干吗？你想，孔子怎么都不教你呼吸，因为谁都会呼吸啊！正因他教的很多都很困难，我们才要努力去做。

君子的标准是什么？

子曰："君子之于天下也，无适也，无莫也，义之于比。"（《论语·里仁》）

"君子之于天下也"，这里不是指一般情况，当然在一般情况下，你要守着忠信，但是遇到特殊状况时，也要"无适也，无莫也"，没有什么一定要做或没有什么一定不要做的。好比之前也提过，孔子被人家威胁要签订一个约定，学生问刚刚的约定履行吗？他说："当然不会，当时人家要挟我啊！要挟我的东西怎能算数呢？"

所以一个人在面临特殊状况时，自己要有判断力，不要死守着一个标准。但前提是你必须守正，如果没有守正，上面这种做法看起来就变成是小人。这是君子与小人的一种差异，也是孔门里很高妙的一种判断功夫。

孔子在《论语·子罕》时说过："可与共学，未可与适道；可与适道，未可与立；可与立，未可与权。"意思是你们可以都来修这门课，但是每个人的资质不同，领受的也不太一样；就算你学了道，但是到时候会不会在社会上使用，又是另外一个问题；接下来，你就算立了，知道什么时候不能用它，则是"权"，而"权"是最难判断的事情。守正与权，是君子的一个标准。

君子，或是小人

孔子很常以君子和小人来对比，最常被拿来举例的是出现在《论语·里仁》的“君子喻于义，小人喻于利”，于是受到孔子的影响，好像中华文化后来都是“耻言利”。尤其很多人都以为孔子说：“富贵于我如浮云。”但他其实不是这样讲，他说的是“不义而富且贵，于我如浮云”，重点是在于不义的富跟贵。

这里的义与利只是拿来强调、作对比，与小人比起来，君子考虑义的时候比较多而已。况且前面不是有一句话“无适也，无莫也，义之于比”吗？孔子的意思并不是鼓励你不要赚钱，所以你不能够用二分法来理解这个问题。他其实是说，你的利也要考虑到“义”罢了。

子曰：“君子和而不同，小人同而不和。”（《论语·子路》）

这一段话很重要，可以说是中华文化的精髓之一，只是很不幸，历来的中国统治者都没有理解这一点。

所谓的“和而不同”，是我跟你在一起，有自己的意见，但可以不同意你的意见；在这里，我保留、拥有跟你意见不同的权利。“同而不和”则是我跟你一样意见，但是我不跟你和在一块。

“和而不同”也可以比喻为，你做菜把所有的材料都放进去、调味料也都洒进去，彼此的味道都在，没有一个食材抢过了其他食材的味道，然后还能变成一个新的东西。“同而不和”，就是有一个味道抢过了所有其他味道，像是一碗酸辣汤里，你只吃到酸，没有尝到辣，没有酸辣中和。

自古以来，中华文化中的社会很难有“异言堂”，而是“一言堂”。在社会或团体内，都是老板说什么，大家就跟着讲、跟着认同；但现在是民主时代、众声喧嚣，就应该真的要“和而不同”，每个人都可以提出自己的意见，虽然你的意见或许别人不同意，但是对于你讲话的权利，应该是要被维护到底的。

终极理想：大同

孔子曰：“大道之行也，天下为公。选贤与能，讲信修睦。故人不独亲其亲，不独子其子。使老有所终，壮有所用，幼有所长，矜寡孤独废疾者，皆有所养。男有分，女有归。货恶其弃于地也，不必藏于己；力恶其不出于身也，不必为己。是故谋闭而不兴，盗窃乱贼而不作。故外户而不闭，是谓大同。”（《礼记·礼运》）

一般认为孔子心中的理想社会，就是《礼运大同篇》，从“大道之行也，天下为公”，可以看到孔子的政治思想是一个“公天下”的思想。其实这也带有一点社会主义的想法啦，因为天下的事情都是公众的、天下没有私人的东西，这个概念真的挺接近社会主义。

“选贤与能”，这个“与”字，有人也写成“举”字，意思是要选出有贤、有能的人。在古代呢，像是魏晋南北朝的时候要靠荐举法，或是求访，去找出一个地方的贤能人士。只是后来荐举法变得不可靠，所以干脆用考试的；然后这一考，就一直考到现在。不过回过头来看，孔子当时只说要“选贤与能”，并没有提到用什么方法，只说要让有贤能的人在位而已。

“讲信修睦”，就是跟人来往要有诚信，要守信用，而修睦即是彼此之间有很好的群德；有了这个“睦”，人不会只有照顾自己的老爸、老妈，连其他人的父母也都会照顾。你想，这不是我们现在老龄化社会要努力的目标吗？反之，照顾小朋友也是一样，那些幼儿园或是社会福利机构或措施，都是出自“不独亲其亲，不独子其子”的理念。

“老有所终”，要让老人家可以安享晚年，但现在的“老有所终”很多都是指养老院。养老院是一种等死院，把老人隔绝在一个山高水远处，可能风景很好，但是没有人去探望他们，而老人整天记挂着谁来看过、谁没来了等这种让人难过的事。其实我觉得“老有所终”不是说让老人吃饱、有地方住、延续生命，最后可以善终而已，应该是要让老人家觉得自己在这社会上还是有用的人。

“壮有所用”，这个“有用”，我们现在就是用工作来区分，有工作好像才是有用，没有工作的人呢，惶惶然如丧家之狗。不是这样的，“有用”是要让青壮时代的人能觉得自己是有用的，而且是对社会有用。“幼有所长”，是每个小孩都能够好好地成长，无论是在自己的家庭里或是幼儿园里。

再来，“矜寡孤独废疾者，皆有所养”，台湾地区的残障福利已经做了一些，比没有做的时候好，但是如果真要更好，可以到欧美去参考人家的做法。我以前在美国伯克利的时候，走在马路上常看到所谓的残障人士，但在台湾的路上很少看到残障人士，为什么？因为像我们人行道上那种机车的摆法，叫盲人走在那上面还真是虐待他。

“男有分、女有归”，讲的是性别，现在的我们觉得传统的性别概念太僵化，但在春秋时期，要求性别观念不僵化也很难吧？这里的“归”指的是“嫁人”，毕竟在当时，女子嫁人是一种价值，因为要传宗接代，你必须嫁人；但现在说要传宗接代，其实不一定要嫁人。

“货恶其弃于地也，不必藏于己”，东西掉地上都没人捡，因为每个人都有，不必贪；“力恶其不出于身也，不必为己”，该出力的时候，每个人只会担心自己使不上力，不会只顾着自身的利益，都会努力来做。“是故谋闭而不兴，盗窃乱贼而不作”，所以人不必有什么权谋，不必跟人家偷啊抢的，都不必，因为东西你都有啊！

“故外户而不闭，是谓大同”，于是到最后，你连门都不必拴啊！拴门干吗呢？又没有人要偷、要抢。这就是孔子心中的大同世界。

当然《礼运大同篇》还有很多东西没讲到，比如礼乐，但是能在这么短的文字内，把人类那种希望安居乐业、得到公平待遇，或者活得更好的期待描绘出来，就算不完全是孔子的理想，也一定继承了他的一些想法。这样的理想，其实可说是普世的理想，并不是孔子一个人的想法，是其他世界先哲也希望能够达到的境界。

这或许是一个乌托邦般的梦想，但若是让人类能够活得更好、社会建设得更理想完善，或许我们不需要再幻想超人的存在，包括孔子这样的超人，或是任何形式的超人。

肆

4

孔子与他者
——关于人际

子曰

“唯女子与小人为难养也！
近之则不孙，
远之则怨。”

父子、君臣、朋友、师生与夫妻
——孔子的人际关系

过去很少人会从人际关系的层面来讨论孔子，但人际关系是社会学里很重要的一环，我们这本书既然是从社会学的角度出发，当然也要看看孔子的人际关系如何。因此探讨《论语》中孔子对于“五伦”的说法与故事，也就成了这一章的主要目的。

所谓的“五伦”指的是父子、君臣、朋友、夫妻与手足。然而，古籍中对于孔子的夫妻及手足关系记载甚少，他自己讲的也不多，所以我们在这主要着重于父子、君臣、朋友关系，再加入较少人注意到的孔门师生关系，以及一些与孔子有关的女性的记载。

父子

根据记载，孔子的父亲在他三岁的时候就已经过世了，所以孔子基本上对他父亲没有什么记忆，也没得互动了，因此这里提到的父子关系，多是指他与儿子孔鲤（伯鱼）之间的互动。

这个孔鲤呢，出生的时候，鲁昭公以鲤鱼赏赐孔子。有人认为孔子收到鲁昭公的礼物，好，既然送我鲤鱼，那我儿子就取名叫鲤好了。我个人认为这是一个原因，但更重要的原因可能是孔子非常重视礼，礼乐的礼、礼义廉耻的礼，我觉得如果父亲重视这种德行，给小孩取一个同音的名字应该也有道理，不会只是因为鲁昭公送了一条鱼而已。不过这纯粹是我个人的推测，也没有根据啦。

那么，孔子自己讲到的父子关系有哪些？

《论语·先进》提到："颜渊死，颜路请子之车以为之椁。子曰：'才不才，亦各言其子也。鲤也死，有棺而无椁；吾不徒行以为之椁，以吾从大夫之后，不可徒行也。'"

这个故事发生的时候，孔子的年纪已经很大了，那时颜渊死了，而孔子的儿子也早已过世。故事里的颜路是颜渊的父亲，他跟孔子说："老师啊！您还有车，为了我们家小回、您最心爱的弟子，是不是可以把您的车卖掉或拆掉，给我们家小回做一副有椁的棺木吧？"古代的棺木是外有椁，内有棺，是两层的，君王和贵族下葬才是棺椁都有。

孔子只说，唉，我儿子也死了，而且"鲤也死，有棺而无椁；吾不徒行以为之椁，以吾从大夫之后，不可徒行也"，指孔鲤死的时候也只有棺、没有椁；要他给颜渊做一副有椁的棺木，不合礼法啊！我们不是贵族，怎么能用贵族的礼呢？就算是为了最心爱的弟子甚至亲儿子，也不能逾越礼法。

另外还有一个有意思的段落，出自《论语·季氏》，也是在第二章提过的。

陈亢问于伯鱼曰："子亦有异闻乎？"对曰："未也。尝独立，鲤趋而过庭。曰：'学诗乎？'对曰：'未也。''不学诗，无以言。'鲤退而学诗。他日又独立，鲤趋而过庭。曰：'学礼乎？'对曰：'未也。''不学礼，无以立。'鲤退而学礼。闻斯二者。"陈亢退而喜曰："问一得三，闻诗，闻礼，又闻君子之远其子也。"

话说陈亢有一次问伯鱼："子亦有异闻乎？"这里的"有异闻乎"不是说："伯鱼呀！你好像闻起来有个怪味道？"而是问："你有没有听过你父亲在下课后，跟你讲一些其他的事情？"这是要打听老师有没有留一手啊。

伯鱼说没有，而且是非常肯定的，这表示伯鱼应该也跟其他人一起上孔子的课，不然他怎么知道孔子上课讲的跟在家里讲的有什么不一样？他接着说："只是有一天我父亲在庭院里，当时我想要快步走过去，却被他看到。父亲说：'站住，小子，念过诗了没？'我说没有。他就说：'你不学诗将来怎么出任外交任务，跟人家讲话呀？'"于是伯鱼就退回去学诗。

又有一天，也是差不多的情况，伯鱼想溜出去，结果又被父亲叫住："你学了礼没有啊？"伯鱼说没有。孔子就说："不学礼，你怎么在社会跟人家立身呀？"所以伯鱼只好又退回去学礼。

因此伯鱼跟陈亢说："我就只有听到这两件事而已。"

没想到陈亢开心地说："哇，高兴呀！我只打听一件事，结果知道三件事情，赚翻了我！闻诗，我知道诗很重要；闻礼，我也知道礼很重要；又闻君子之远其子也，原来老师也没特别教他儿子呀！哈哈哈哈哈！”

老师没特别教自己的儿子，竟让陈亢高兴成这样？而且君子远其子，我们的亲子关系就是有孔子这个坏榜样，所以后来的老爸跟儿子关系不好也不觉得奇怪，还当成正常的。

还有一段故事也表达出孔子的亲子关系不怎么样。那是记载在《礼记·檀弓上》：“伯鱼之母死，期而犹哭。夫子闻之曰：‘谁与哭者？’门人曰：‘鲤也。’夫子曰：‘嘻！其甚也。’伯鱼闻之，遂除之。”

伯鱼的母亲，也就是孔子太太死了，而且是三年之丧都过完了还有人在哭。孔子听到了就说：“是谁在哭？”门人说：“就是你儿子孔鲤呀！”结果孔子说：“怎么还哭呢？不该再哭了，不合礼法呀！”后来伯鱼听到，便不再哭了。你看这什么亲子关系？母亲过世了，思念母亲而哭有什么关系，哭怎么过分呢？难道不会出去安慰儿子，说你母亲死了我知道，我虽然跟你母亲不怎么样，但她爱你是真的，你得好好地长大成人，不要让你母亲失望，应该是这样嘛！

最后，在《孔子家语·致思》里有一段故事：

孔子谓伯鱼曰：“鲤乎！吾闻可以与人终日不倦者，其惟学焉。其容体不足观也，其勇力不足惮也，其先祖不足称也，其族姓不足道也；终而有大名，以显闻四方，流声后裔者，岂非学者之效也？故君子不可以不学，其容不可以不饬。不饬无类，无类失亲，失亲不忠，不忠失礼，失礼不立。夫远而有光者，饬也；近而愈明者，学也。譬之污池，水潦注焉，萑苇生焉，虽或以观之，孰知其源乎？”

意思是孔子告诉伯鱼，你不知道，你老爸就是一天到晚跟人讲话都不会累的人，这就是学呀！如果我是伯鱼，会想说：“老爸你不累，但你的学生可累着呢！他们得上厕所！”接着孔子又讲讲讲讲，讲到“所以君子不可不学”，简单来说就是一直鼓励伯鱼要学。

所以说这个伯鱼到底是多么不学？我们也不知道，只知道伯鱼后来比父亲早死，葬在孔子旁边，但什么名气也没有，什么大事也没干过，只留下这些零碎的亲子片段。

现在应该知道我虽然教了孔子这门课，但我不是孔子的崇拜者，以前对孔子有很多不以为然的地方，现在还是不以为然。他的优点我们要夸奖，不好的地方我们就不要照着做，我觉得这才是真正的孔子精神。

无违就是孝？

在中华文化里，亲子之间最重要的就是孝。而什么是孝？在《论语·为政》中，鲁国大夫孟懿子跟孔子请教孝道，孔子说：“无违。”

鲁国的贵族孟懿子问孝，孔子说无违，很多人解释无违是“不要违背”，爸妈说什么你都得听话，这就是孝顺；好比你爸妈叫你去死，你就去死，这叫孝顺。但不是，无违不是这个意思，你必须把孔子的话全部看完才行。

樊迟御，子告之曰："孟孙问孝于我，我对曰'无违'。"樊迟曰："何谓也？"子曰："生，事之以礼；死，葬之以礼，祭之以礼。"（《论语·为政》）

后来孔子把自己跟孟懿子的对话告诉樊迟，樊迟是孔子的学生，替孔子驾车的。樊迟问："老师这是什么意思呀？"

孔子的回答是："生，事之以礼；死，葬之以礼，祭之以礼。"双亲还活着的时候，事奉他们要讲礼，在古代就是晨昏定省，晚上睡觉前要跟父母报备一下，说父亲、母亲我要睡觉了，你们要好好盖被子喔！我刚才已经把蚊子喂饱了，而且还喝了酒，我的血充满了酒精，蚊子只要叮了我就醉了，应该都昏过去了，我很孝顺哦——这不是二十四孝故事里的黄香吗？似乎尽孝就得这样，但你现在想想，这也不是很好的例子啊。

我觉得"二十四孝"里面没几个好故事，有一个是父母喜欢吃鲤鱼，小孩就卧冰求鲤；一个小孩子躺在冰块上，像话吗？还有打虎救父，第一，这不爱护动物；第二，让小孩子去打老虎，这是什么逻辑！还有长辈生病了要吃肉，就刮了屁股肉给他吃，这是食人族的做法啊，怎么不去找草药嘛！今天看一看都是非常病态的故事，我不知道古人怎么受得了！而这竟然是"二十四孝"，无违到这个地步，根本就是"二十四虐童故事"。

孔子说孝是无违，是指无违"礼"，而非不要违背父母亲的意思。生有生的礼、死有死的礼、葬有葬的礼、祭有祭的礼，这就是孝，孝在文化而言是一辈子的事情，从生到死。所以为什么有祖先、公妈牌位？为什么我们要扫墓？这表示我们跟祖先有血缘、有联结，是断不掉的关系。

不仅孟懿子，后来连孟懿子的儿子孟武伯也来跟孔子问孝。这故事在《论语·为政》中有提到：“孟武伯问孝。子曰：‘父母唯其疾之忧。’”这里要解释的重点，在于那个“其”是指谁？

有人说，你要担心的就是父母生病呀！不过也有人说，可是父母只担心小孩生病。我觉得，总之父母亲担心小孩生病，比小孩担心父母亲生病来得多。试想你没住在家里，只要天气冷一点，爸妈一定会打电话来要你多穿一件衣服，所以才会有一种冷是你爸妈觉得冷，那种冷是最不得了的冷。

一般小孩有什么时候会因为天气骤变就打电话回去：“妈，我听说天气变冷了，您得多穿衣服呀！”很多小孩打电话回家，大概都是说：“妈，给我汇点钱过来……”所以“父母唯其疾之忧”，从经验上来看，虽然是有双向的可能性，但大多数都是单向的。

父亲犯错，儿子闭嘴

不过对于孝的观念，孔子有一个跟人家很不一样的地方。

叶公语孔子曰：“吾党有直躬者，其父攘羊而子证之。”孔子曰：“吾党之直者异于是，父为子隐，子为父隐，直在其中矣。”（《论语·子路》）

叶公对孔子说："我们这个地方有个人非常正直啊，老爸偷了羊，做儿子的就出来作证。"我想，这个地方显然不太好，为什么老爸要去偷人家的羊呢？这个地方一定有问题。没想到孔子说："在我的地方，'直'的人跟你们不一样。我们是父为子隐，子为父隐。"

在这里，孔子强调的是孝顺的重要性，觉得指责父亲的错事，并不是儿子的职责，所以做儿子的要替父母隐藏；指责父母是别人的工作，不是孩子的工作。

类似的故事在《孟子》里也有。据说舜是很孝顺的人，但是这个舜呢，依现代社会来讲是来自高风险家庭，舜的父亲是瞎眼老头，母亲则是对他非常不好，就是典型的后母；然后他还有个弟弟叫象，非常骄傲，对哥哥也不好。有一次这家人就挖一个井，想要把舜搞死在里头，但舜偷偷地在井里面挖了一个隧道，最后得以逃出来。

这故事的意义是什么呢？道高一尺、魔高一丈，因为这根本是一个邪恶家庭的故事——不是，是家人对舜这么坏，舜却从来没有报复的心；舜的父母手足都很差劲，可是他仍以仁爱对待他们，这是舜的伟大，大部分的人都做不到。

所以舜的父亲犯罪了怎么办？很简单，去抓他。但谁去抓？当然不是舜，因为舜会弃天下如敝屣，把天下给扔下，然后背着父亲逃到天涯海角。

从社会学来讲，国君是舜的一个角色，但身为人子也是一个角色，而儿子这个角色是最大的；所以做儿子的责任就是背着父亲逃走，卸下国君的角色，把追究父亲犯罪的事情交给别人去办，因为抓老爸不是儿子的事情。这是儒家对孝的概念。

这也是法家的人很痛恨儒家之处，他们认为父亲偷了羊犯了罪，儿子当然得说；但是对儒家来说亲恩最大，是不可能要求人们移孝作忠。因此移孝作忠的说法其实是狗腿的后人拿来糊弄君王用的。只不过本来是谎骗、是借口，后来的人却演变成真心相信儒家是这样，变成忠君思想的代表，以至于中国的统治者也渐渐变得超爱儒家。

君臣

这个君臣关系呢，对应到现代可以想象是职场的上下关系，毕竟君臣关系也就是古代的职场关系。

在《论语·八佾》中，定公曾问孔子君臣的互动关系是怎样的。

定公问："君使臣，臣事君，如之何？"孔子对曰："君使臣以礼，臣事君以忠。"

过去我们讲到传统的君臣关系，好像都是君要臣死，臣不敢不死，都说这种观念是儒家的工作伦理，认为既然拿人家的薪水就要帮人家办事。但你看孔子实际上是怎么说的？

孔子说的是“君使臣以礼，臣事君以忠”，上位的人对下位的人如果有了该有的礼，臣子便会对他尽忠。这里的尽忠不是说要替老板卖命，而是尽到自己最大的能力，这也是为什么后来朱熹注解“忠”的时候，会说是“尽己之谓忠”，是很大的差别。

孔子怎么看待职场关系？

卫灵公问陈于孔子。孔子对曰：“俎豆之事，则尝闻之矣；军旅之事，未之学也。”明日遂行。（《论语·卫灵公》）

卫灵公曾问孔子打仗布阵的方法，结果孔子说有关礼节的事情，他有学过，但关于军旅的事情他没有学过。

孔子真的没学过吗？在《史记·孔子世家》的记载，有一次冉有与齐国打仗打得很好，季康子就问他，你是跟谁学的啊？冉有说自己的本领就是跟孔子学的。所以，他是真的没学过，还是不希望教卫灵公打仗之事？孔子到卫国的时候本来想大有作为、大展身手，但卫灵公不太理他，也或许他认为卫灵公只想打仗，那对不起，打仗的事我没学过。

如果孔子的思想真的是下面的人要听上面的，那他当时应该要马上跪下来，说：“为臣有几个想法您可以参考一下……”可见他也认为上下、君臣之间是以意合，他讲的跟你讲的有意合才可以，不行就走人。

所以不要觉得孔子跟职场没什么关系，儒家思想很腐败啊，都叫人家要服从上面的……这是没有好好看书，孔子都说尽忠的前提是待之以礼，是互相的才有意义；老板要是不待以礼，就拍屁股走人！孔子就是这样。在君臣关系上，他强调的是互动观，不是片面观。

《论语·卫灵公》也提到："事君敬其事而后其食。"这是什么意思？是说你要辅佐一个国君，或者将来要在社会上做事、找工作，应该先想到自己能对这件事有什么样的贡献，才决定你要多少薪水。这跟美国前总统肯尼迪讲过的一句名言："不要问国家能为你做什么，要问你能为国家做什么？"也有点类似。

你当然可以说，我难道不能问国家能为我做什么吗？但他不是这个意思，而是作为一个国民、作为一个国家的领袖而言，你当然要每天问自己，我能为我的国民做什么？

如果你真心地想做一个工作，不只是为了一份薪水，那你要想，那个工作跟你的人生目标是否一致？而且一个人要找好工作，也要找一个好老板。好老板的定义不是给最多薪水的那个人就是好老板，好老板是他的事业对人有贡献、赚取合理的利润，而不是只想大赚一笔、马上落跑的人，那个不叫工作，叫诈骗。

但很不幸，现在很多年轻人出去找工作，因为被社会恐吓只能拿 22k（22000 元新台币），觉得只要能够找到一个 23k 以上的就是还不错的工作，把焦点都放在数字上面，而不是你的工作跟人生目标之间的关系，相当可惜。薪水当然重要，儒家从来没有不主张发财，如果真是这样，那这个学派和思想还真是完全不了解人的心理。爱财是正常的，想着要怎么生活也是正常的；可或许你也能想一想，现在的工作除了为自己带来钱财之外，还能为他人、为社会甚至为世界做些什么？

理想的君民关系

至于君民关系的讨论，孔子的话语最容易引起误会，说他是支持愚民政策的人。就像《论语·泰伯》有一句说：“子曰：‘民可使由之，不可使知之。’”这句话普遍的解释是，老百姓呀，你只能让他听你的话，不能让他知道你为什么要去做这件事情。所以老百姓只要做就对了，不要问为什么。如果是用这样的方式来解释，听起来是一种愚民政策。

但这一句话，怎么断句就有怎样的解释。

另一种说法是可以将这句话拆解为：“民可使，由之；不可使，知之。”其中的“使”，基本上是指古代的劳动服务，因此可以解释为人民可以做劳动服务的时候，才让他们去做；不可以的时候，君王也要去了解不可以的原因在哪里。这种说法，我觉得比较合情合理。

还有一种解释是：“民可，使由之；不可，使知之。”可以使用老百姓的时候，就去使用；不可以的时候，也要知道为什么不行，或是要让百姓知道为什么不可以。

我曾经找过与使民相关的文章来看，我解读孔子的意思是在上位者要老百姓服劳役，一定要选在农闲的时候，才不会干预老百姓的农活，尤其古代是农业社会。但不管怎么说，如果你认为孔子就是个只为君王谋福利、不管天下百姓幸福的人，就会觉得《论语》里充斥这种愚民话语。

但如果你认为孔子是个首尾一致的人，就会认为他想的其实是天下老百姓的幸福。在之前的章节里提过，孔子是个和平主义者，不希望以杀戮、血流漂杵的方式来取得天下；若他的理念是这样，怎么可能要君王欺蒙百姓？孔子应该有个性上的一贯性，前面讲的孔子都是以老百姓、天下福利为主，一脉下来到这里应该也是这样的想法。

我们有时要依整个脉络、依思想来解经，尤其是在内容有歧义或者意义不完整的时候，这时顺着脉络来解，就能找到答案。

朋友

其实在中国古籍里，讨论朋友人际的部分不多，少数像《论语》里面有提到一点。在西方，亚里士多德的《尼各马可伦理学》（*Nicomachean Ethics*）里就有提到朋友，所以16世纪利玛窦到中国时，写了一篇《交友论》，讲朋友就是另外一个自己，也就是个性的另一面，把徐光启、李之藻等几个知识分子惊骇到不行，哇，西方人有这个理论，真是先进的文明。

而孔子有没有朋友呢？在《论语》里实在看不出来，倒是有个老乡阳货，但从记载里看起来，两人也不是朋友。至于孔子讨论交朋友的部分，是在《论语·学而》："子曰：'学而时习之，不亦说乎？有朋自远方来，不亦乐乎？人不知而不愠，不亦君子乎？'"这个"朋"，我们现在都解释成朋友，而书中出现的“朋”也就这么一次而已。

其实依照传统的解释，“朋”原是指两串钱，只是没人会用两串钱来解释这句话。但如果用这方式解释的话，那真的让人太高兴了，有两串钱从远方来，不晓得谁汇进来的？我太高兴了，不亦乐乎！

只是这“朋”字后来也被解释为“同门为朋”，不过若是根据后面《论语·子张》说法，也应该是同门为“友”不是为朋，所以朋就变得很尴尬。“朋友”连起来讲没问题，但光提到“朋”，说“有朋自远方来”，为什么朋要自远方来？跟你玩桌游吗？你做了什么事情，要“有朋自远方来”？

要是从政治的角度来看，孔子说过“近者说，远者来”，这个朋呢，就是来归顺于你的。如果从教学的角度来打比方，就是老师教得太好了，我要到台湾来看看你，上你的课，这叫“有朋自远方来”，套用现代的意义，就是粉丝啦！所以“有朋自远方来”不是坏事，是因为你的道德或才能感动了别人，让别人希望能够来你这儿，类似全球化的概念。

至于“不亦乐乎”，乐什么呢？来跟你打麻将吗？当然是一起行道。我们有共同的目标或远景，才会有乐，应该是这样的诠释。

另外在《论语·述而》提到：“三人行，必有我师焉；择其善者而从之，其不善者而改之。”有一种解释是说，啊，三个人走在一块儿，就有一个是善人，有一个是不善的，然后还有一个是我；那我就跟那个善的人在一块，不要跟不善的人在一起。

可我觉得这种解释太死板了，干吗三个人走在一块儿，一定有一个坏人呢？你是被绑架了吗？

“三人行，必有我师焉”，这里的“三”只是一个虚数，意思是你跟一群人在一起，这里的每一个人都有值得你效法的地方；“择其善者而从之，其不善者而改之”，好人做的好事要学，坏人做的好事也要学，甚至没有好人与坏人的区别，而是好事与不好的事的区别。

还有，《论语·述而》也提到：“盖有不知而作之者，我无是也。多闻，择其善者而从之；多见而识之，知之次也。”是说不要人家讲什么就相信，要多方考察多看一点资料，做一个有独立思考能力、能够判断是非的人。对现代人来说，是提醒我们凡事不要只看懒人包，自以为吸收、理解得很快，还是全盘理解，其实不过是被人家牵着鼻子走。

《论语·学而》也有一段讨论朋友的话：“君子不重则不威，学则不固。主忠信，无友不如已者。过，则勿惮改。”这里的“无友不如已者”，跟在《论语·子罕》中提到的“毋友不如已者”，到底哪一个是对的？

表面上，“无友不如已者”意思似乎是：不要跟不如自己的人交朋友。这跟以往小孩子上学之后，都会被父母警告说，要跟功课好的同学来往，不要被功课不好的同学带坏是一样的意思。这种态度你也随时看得到，每次只要发生什么凶案命案，记者去访问父母有时就会出现一句：“我儿子是好孩子啊，都是被别人带坏的啊……”

如果根据上面的逻辑，不要跟不如自己的人来往，只要跟比自己好的来往，那对于比你好的人而言，你不是相对比他差的人吗？那他干吗跟你交朋友？于是每个人只能像印度的种姓制度一样，在差不多程度、好坏的阶层里来往，道德又怎么能提升？

所以“无友不如己者”，怎么样的人际来往比较有力量呢？应该就跟“三人行，必有我师焉”一样。每个人都有值得我效法与戒惕的地方，没有人不如我，人人都有长处。你要像孟尝君一样，养士呢，鸡鸣狗盗之徒都得养，毕竟哪一天会用上也不知道啊！

而这两种的解释也会发挥两种不同的力量，一种让你觉得自己的位置很高，自己是这种身份的人，怎么跟那种人交朋友？另一种则是把所有人都视为可以交朋友的对象，可以跟所有人学习；如果是这样，我想这样你的朋友圈也会比较扩大，能遇见更多不同的人。

朋友的最高境界：友直，友谅，友多闻

对孔子来说，朋友之间要如何相处？在《论语·颜渊》里，子贡曾向孔子问这个问题，他说：“忠告而善道之，不可则止，无自辱焉。”

这里的“忠告而善道之”，是你要给他建议，告诉他该怎么做，要引导他，如果他不听也不用再继续，免得自取其辱。你看孔子讲得多现实务实，他没告诉你，如果对方不听你就一直

讲，讲到他耳朵烂掉为止。

接下来是孔子论友最知名的一句话，出现在《论语·季氏》中："益者三友，损者三友。友直，友谅，友多闻，益矣；友便辟，友善柔，友便佞，损矣。"

这里讨论的是哪些人值得当朋友呢？"益者三友"，有三种值得交往的朋友，直与谅是你做错事情他会原谅你；多闻，是指博学多闻的人值得你来往。现在不也有什么云端情人，买一个软件，每天跟它在一起还爱上它，只是最后惊讶地发现所有人都在用同一个软件。

至于那三种不值得来往的人，无论是装腔作势、花言巧语还是巧言好辩，重点只在于他有没有真诚的心。他表现出来的跟内心的想法是不是真的、是否一致？一个人值不值得来往，只在于真心而已。不真心的人，你真的不要浪费生命了，对朋友是这样，对爱情也是这样。

《论语·子罕》有一段更有趣了，可以看出孔子对人性的敏锐观察，放在这个时代也完全适用。他早就发现人与人之间啊，"可与共学，未可与适道；可与适道，未可与立；可与立，未可与权"，在不同阶段会有不同的想法或立足点。在学生时代，或许每个人当下的目标都相同，但是走到面临人生目标的时候，可能就不一样了。念书的时候，你跟同学都想开咖啡厅、开服装店，但到了真要立身于社会时，他的想法或计划可能又跟你的不一样了。

再来，下一个更高的境界是"可与立，未可与权"。能一起立身于社会，但久而久之，彼此的价值观可能越来越不一样，权衡的立场不同，什么时候判断什么事情该做，什么事情不该做，有时意见就不一致了。所以人很难，交朋友特别难，你如果到了这境地，那是高处不胜寒啊！

师生

孔子与学生之间的关系，过去比较少人讨论，我们会在下一章比较详尽地聊聊孔门的师生关系。在这一段，我们先简单地看看他与弟子们的互动是什么样的？

子路、曾皙、冉有、公西华侍坐。子曰："以吾一日长乎尔，毋吾以也。居则曰：'不吾知也！'如或知尔，则何以哉？"子路率尔而对，曰："千乘之国，摄乎大国之间闲，加之以师旅，因之以饥馑，由也为之，比及三年，可使有勇，且知方也。"夫子哂之。"求，尔何如？"对曰："方六七十，如五六十，求也为之，比及三年，可使足民；如其礼乐，以俟君子。""赤，尔何如？"对曰："非曰能之，愿学焉！宗庙之事，如会同，端章甫，愿为小相焉。""点，尔何如？"鼓瑟希，铿尔，舍瑟而作。对曰："异乎三子者之撰。"子曰："何伤乎？亦各言其志也。"曰："莫春者，春服既成；冠者五六人，童子六七人，浴乎沂，风乎舞雩，咏而归。"夫子喟然叹曰："吾与点也！"三子者出，曾皙后。曾皙曰："夫三子者之言何如？"子曰："亦各言其志也已矣！"曰：

"夫子何哂由也？"曰："为国以礼，其言不让，是故哂之 。""唯求则非邦也与？""安见方六七十，如五六十，而非邦也者。""唯赤非邦也与？""宗庙会同，非诸侯而何？赤也为之小，孰能为之大！"（《论语·先进》）

子路、曾皙、冉有与公西华侍坐。曾皙就是曾子的父亲，《论语》里也只出现过这么一次，就像那种拼命逃课只在最后一个礼拜出现的同学。孔子说："不要因为我年纪比你们大，就不敢在我面前说话。"在他面前很多人都不敢说话啊！敢说话的只有那些孔门语言科的人，像子贡、宰我。

接着他说："你们不要平常就说，哎呀！大家都不用我。如果人家真的要聘用你，那你有什么才干可以告诉人家？"就像现在去应征工作，面试的主管会请你自我介绍一下，问你认为自己可以对公司有什么贡献，或是自己有什么能力可以胜任这个职务等类似这样的情境。

子路这个大学长抢先开口，说："如果有一个千乘之国（'乘'是四个马车拉的一辆车），居在大国之间（表示那个国家在军事上其实有危机的），这个地方有军队，但是谷物收成不好，像这样的国家让我去治理的话，只要三年的时间，我就可以让老百姓每个人都勇到可以当兵。"

这个子路就只知道勇，也只强调这一点就结束了。他讲完的时候，"孔子哂之"，这个"哂"，有人说是小笑，有人说是大笑，也有人认为是阴险的笑。古注里面解释有大笑、小笑、什么笑都有，把孔子讲得好像演员、要来表演一下……但我想，这个“哂之”应该是孔子觉得子路就是这样，不意外。

接着孔子问冉有：“那你怎么样？”冉有回答：“方六七十，如五六十……”你看前面是千乘之国，现在是“方六七十，如五六十”，一直往下降，很像跳楼大拍卖还什么周年庆，三折不行变两折似的。他说：“这样的地方让我来管理，只要三年就可使足民。不过礼乐这部分，我就一点办法也没有。”

冉有可能是谦虚，接在学长后面不能讲太伟大，学长连礼乐都不讲，他也谦虚地说礼乐我没办法，学长没办法我也没办法，只好另请高明啦！

冉有讲完了，孔子连笑也没笑，什么表情都没有。我想我要是孔子，大概是难过到不行。天呀！第一个已经讲成那样，第二个还讲成这样，再下去志向不就越来越小了吗？

第三个是公西华。他说：“我不是说自己可以，但我愿意试试看。我大概能做的也不是治国方面的，不过关于宗庙之事我愿意当个司仪，穿着整齐、戴一顶帽子，然后说谢谢大家，今天记者会到此结束，我们现在要改换场地……”你看，果然越来越小了吧。

孔子想，这还有戏唱吗？教书教到现在一个比一个更差，再讲下去能听吗？

而最后一个人，曾皙说：“在春末的时候，春服已经做好了（不会太晚了吗），带着未成年五六人、年轻人六七人去河边，入沂水里面洗澡，在祈雨的坛上晾干，大家一起高声唱歌回家。”

好，这是曾皙的志。你觉得孔子什么时候教过这样的志？听起来他也非常像道家派来卧底的。

听到这，孔子喟然叹曰：“点真好，我赞美点呀！点，这理想真是我的理想。”一般人认为孔子的理想是一种大同世界，所以理想世界的状态就是轻轻松松到河边去洗澡、唱歌，换成我们就是晚上到 KTV 唱歌、喝酒，唱到清晨，所以一般人都将“吾与点也”做出孔子认同曾点的解释。

但若是这样，故事到这里不是应该结束了？孔子又怎么会“喟然叹曰”？尤其在古籍里面，“喟然叹曰”多半是悲叹，并非称赞。我觉得孔子应该是想说，天呀！刚刚公西华才说“愿为小相焉”，但这家伙居然连相都不去做，甚至不愿意参加国考、做个公务员为人民服务，自己反而在河边揪一群人去洗澡！这是我孔门要教出来的学生吗？所以“喟然叹曰”，应该是崩溃的意思。

故事的最后，其他三人出去了，只剩下曾皙跟孔子。曾皙说：“问老师一下，你觉得他们前面三位讲得怎么样？”唉，如果你知道老师的精神所在，还要问这个问题吗？还是你只来上过一次课，当然不知道。

孔子回答：“这不过就是谈谈个人的志向罢了。”你看，他讲话已经没气了，看到这种学生干脆准备退休吧。

没想到曾皙又问：“为什么子路讲完之后，您笑了呢？”孔子说：“为国要靠的是礼呀！这家伙讲话连基本的礼都没有，还能治国吗？所以我笑了。”显然“哂”绝对不是一个好意的笑。

曾皙再问：“那难道冉求就不能够去治一个邦吗？”孔子回答：“安见方六七十，如五六十，能算是一个邦吗？”孔子都要没力了，但这人居然还没问完：“难道公西华也不行吗？”孔子说：“宗庙会同，非诸侯而何？如果赤都不能做，那还有谁能做？”

看来孔子已经回答得心不甘情不愿，这种话不是老师已经不想回答，就是老师想上厕所了，于是这故事到这里也结束了。

我觉得这一段非常生动地描绘出孔子跟学生之间的互动。在这个故事里，孔子最喜欢的弟子颜渊不在，然后子路的鲁莽一如往昔。

但为什么孔子要说“吾与点也”？我的解读是，与其当成赞许之意，不如说还有别的意思，那一个“与”就可以有很多的解释。“吾与点也”，是孔子恐怕已经绝望到极点，才会说：“如果你们下次要去洗澡、要去唱歌，别忘了通知我一声，我也要掺一脚。”不然你想孔子哪里是教学生要去河边洗澡、唱歌的？他努力教的是要怎么做人，就像前面讲到为学、道德、君臣、父子关系、孝顺、礼乐等，他要教的是这些。

所以从这一段大概可以一窥孔门师生的互动，有时候，老师讲的话，学生也不太会听，然后老师想要测验一下学生的学习成果，才发现学生也没有太学到自己的精华。或许这也是为什么后来孔子把希望寄托在删《诗》《书》、订《礼》《乐》之上，或许他希望将来有一天，会有个人能把自己讲的东西发扬光大。好比五百年后的孟子，就以为自己是那个发扬光大的人。

孔子的随堂测验

孔子知弟子有愠心，乃召子路而问曰："《诗》云：'匪兕匪虎，率彼旷野。'吾道非邪？吾何为于此？"子路曰："意者吾未仁邪？人之不我信也。意者吾未知邪？人之不我行也。"孔子曰："有是乎！由，譬使仁者而必信，安有伯夷、叔齐？使知者而必行，安有王子比干？"子路出，子贡入见。孔子曰："赐，《诗》云'匪兕匪虎，率彼旷野'，吾道非邪？吾何为于此？"子贡曰："夫子之道至大也，故天下莫能容夫子。夫子盖少贬焉？"孔子曰："赐，良农能稼而不能为穑，良工能巧而不能为顺。君子能修其道，纲而纪之，统而理之，而不能为容。今尔不修尔道而求为容。赐，而志不远矣！"子贡出，颜渊入见。孔子曰："回，《诗》云'匪兕匪虎，率彼旷野'，吾道非邪？吾何为于此？"颜渊曰："夫子之道至大，故天下莫能容。虽然，夫子推而行之，不容何病，不容然后见君子！夫道之不修也，是吾丑也。夫道既已大修而不用，是有国者之丑也。不容何病，不容然后见君子！"孔子欣然而笑曰："有是哉颜氏之子！使尔多财，吾为尔宰。"(《史记·孔子世家》)

这一段也是孔子对弟子们的测试。孔子知道弟子们有些埋怨，子路进来，孔子便问："《诗经》里面讲我们不是野牛，又不是老虎，怎么我们会沦落在旷野游荡呢？我的道是不是错了？不然怎么会沦落到今天这个地步呢？"其实这段话在《论语》

里是子路问的，但在《史记》里是孔子发问，希望别人回答。

子路说："是不是老师您平常教我们的，我们其实没做到，所以别人看我们根本就不是仁，不信我们。是不是我们的智慧不够？所以人家才不会照着我们的想法去做，是我们想得不够周全、没有替别人想好。"孔子说："有这回事吗？"然后把子路骂了一顿，说什么仁者而必信，安有伯夷、叔齐？仁是自己要做到的，别人信不信那有什么办法呢？然后就举了一堆古人的例子。

子路一听，原来老师是要考验自己，哪是要听他的意见，根本是要来教训他的，于是摸摸鼻子自讨没趣地出去了。

接着子贡入见，孔子拿同样的问题来问他，子贡回答："老师呀！您教的东西实在太伟大了，大到别人没办法想象的地步，所以小庙里面容不了您这个大神。可是老师您要不要就配合人家一下？"孔子说："好的农夫会耕种却不一定有收获，好的工匠也未必尽如人意。我们怎么能就为了满足人家，就装出一副那种什么都好的样子，说您怎么说我怎么做，君子能这样吗？"于是子贡也摸摸鼻子出去了。

最后是颜渊进来，孔子还是问他同一个问题。颜渊说了"夫子之道至大，故天下莫能容"，这句话是抄前面子贡说的。"虽然夫子知道不能容，但是您还是努力去推行，这一点跟很多人不一样。天下人不能容您，难道也是个缺点吗？不容才见君子！"

孔子听到这句话，我想他一定感动得痛哭流涕！不容，才能显现出老师平常教的都是君子之道！如果我们平常不修道，是要自己检讨，怎么会是要配合人家呢？而人家不用我们，也不是我们的想法有问题，不用我们是他们的问题。颜渊把事情分得很清楚、有层次，也明白老师的心思；很多人知其不可就算了，孔子是知其不可而为，就是 mission impossible（不可能的任务），这跟其他人是有分别的。我觉得这段话是所有孔门的对话里相当精彩的一段。

女性

在与孔子相关的记载中，女性是非常模糊、空虚的形象，几乎找不到什么孔子与女性的来往、交际之事。而跟孔子最有关系的女性也就是两位孔妈妈，一位是孔子的母亲颜征在，一位是孔子的妻子。

据说孔子是在十九岁的时候结婚。孔子的母亲是在他大约十七岁的时候过世，当时得要守丧三年，但当时的三年是二十五个月而非三十六个月，所以差不多守完丧之后就结婚了。

那么孔子的太太叫什么？有三个说法：弁官氏，或并官氏，或亓官氏，第一个字是不知道传抄错误还是怎么样，难以确定；也有人说那好像是官名，似乎也不是她的姓，所以关于孔夫人的名字仍有不确定的地方。

至于孔子跟妻子的关系呢，实在很难从留下来的文字中找出蛛丝马迹。有句话说："每个男人背后都有一个伟大的女人。"这在孔子身上也适用，孔夫人真的是在背后，面目模糊。我以前是教“爱情社会学”的，我觉得中华文化既然认为家庭关系很重要，那么夫妻、伴侣关系也该弄好啊，但儒家就是少了关于情感的教育。现在的我们在儒家或孔子的内容上应该要补上这一块，有了比较好的情感关系，自然比较容易建立一个好的家庭。

千古谜团：孔子讨厌女人？

子曰：“唯女子与小人为难养也！近之则不孙，远之则怨。”（《论语·阳货》）

千古以来都觉得孔子看不起女人，但在春秋时代谁看得起女人？如果在那个时代孔子还看得起女人，那他真的也太奇葩了。所以这一段话不是看不起或看得起女人的问题。

我觉得这里有两个应该注意的地方，第一个就是不要只看前半句，要连同后半句一起看。他说：“唯女子与小人为难养也！”好，这两种人很难伺候，为什么？因为“近之则不孙（逊），远之则怨”，太靠近她，她会不爽；但不理她，她更不爽。

这该怎么办？看情况嘛，情况好就靠近她，情况不好就远离她。她心情不好的时候你不要惹她，心情好的时候，你就买礼物凑上去，这就是宜、时！你要看什么时候是恰当的时机，人家明明心情不好，你还硬要人家去煮饭给你吃：“欸，今天晚上不煮饭啊？”“我心情不好。”“心情不好就出去吃嘛！”你如果这样讲，问题不就解决了吗？

但要是你说："心情不好，饭还是得煮啊！"这不是找挨骂吗？完全不体谅人家，不是吗？所以很多事在于你不要去硬碰硬，要替对方想。"近之则不孙，远之则怨"，其实就是告诉你要读熟中庸之道，采取一个动态平衡，懂吗？

只是大家都不这样想，看到"唯女子与小人为难养也"，就觉得孔子看不起小人和女人。

圣人也过不了美人关？

子见南子，子路不说。夫子矢之曰："予所否者，天厌之！天厌之！"（《论语·雍也》）

去即过蒲。月余，反乎卫，主蘧伯玉家。灵公夫人有南子者，使人谓孔子曰："四方之君子不辱欲与寡君为兄弟者，必见寡小君。寡小君愿见。"孔子辞谢，不得已而见之。夫人在絺帷中。孔子入门，北面稽首。夫人自帷中再拜，环珮玉声璆然。孔子曰："吾乡为弗见，见之礼答焉。"子路不说。孔子矢之曰："予所不者，天厌之！天厌之！"居卫月余，灵公与夫人同车，宦者雍渠参乘，出，使孔子为次乘，招摇市过之。孔子曰："吾未见好德如好色者也。"于是丑之，去卫，过曹。是岁，鲁定公卒。（《史记·孔子世家》）

《论语》里唯一出现过的女性是南子，同时《史记·孔子世家》也描写了孔子去见南子的场面。南子是卫国灵公的宠姬，是当时的美人但爱出风头、名声不好；而孔子去拜见南子，让子路非常不爽。不是说孔子好女色、主动去见南子，是因为南子的势力非常大，她说，什么人来我们国家，要见我们这个邦君的话，都要先经过我，于是孔子不得不依此去见南子。

见了南子之后，子路不爽，“夫子矢之曰”，这里的“矢”有的解释是直，像剑一样的直；一种说发誓的誓；而传统的解释是孔子就跟学生发誓，要是做了平常说过不该做的事情，他就去死。

有人也怀疑，老师怎么会跟学生发誓呢？这不合礼法吧？因此也有一种解释是孔子纠正子路，说这是什么想法？我平常说过不做的事情，你认为我会做吗？我是那种人吗？你一天到晚跟在我身边，不知道我什么人吗？我觉得，后一种的解释似乎比较有道理。

在《史记》里，这一段记录得比较详细也鲜活，说孔子进到那个帐篷里见到南子以后呢，南子身上佩戴的玉器发出了声响。子路一想，你们在里面干了什么苟且的事情吗？不然为什么会有玉器碰撞的声音？子路大概觉得里面一定发生了什么苟且事情——当然在古代碰碰小手可能就是苟且之事了。

总而言之，这是司马迁写下的文字，到底事实是不是这样？我们都不在现场，没人知道，如果穿越的时候你能穿到现场，记得拍个照片回来啊！

伍

5

孔门
——那些弟子们的事

子曰：

“回也，

其心三月不违仁。

其余，

则日月至焉而已。”

孔子到底教了多少学生
——孔门师生与子弟

孔子的思想要发扬光大，当然不只是靠他一个人讲了什么，也得靠弟子们去发扬才行。所以在《论语・子张篇》才会没有一句孔子讲的话，都是弟子讲的话。为什么会把弟子讲的话摆在《论语》里？这就是《论语》的特性，孔子讲了什么很重要，弟子继承了什么也是非常重要的。无论是社会学或哲学、怎样的思想，有学生愿意替你发扬光大，才能传之久远，即使在现代也是一样。如果弟子没有继承、宣扬，就要等待后面的人读到你的书、喜欢你讲的内容才有机会传播。

但孔子到底教了多少学生？虽然一般号称孔门弟子有三千人，但其实那只是号称，因为中国人很喜欢“三”这个字，三代表多，也就是代表孔子弟子很多。然而，谁可以算是孔子的弟子？跟孔子讲过一次话的人、交了束脩的人算吗？或像孟子说自己是私淑孔子啊，他是私淑弟子，也就是现在的铁杆粉丝，算不算呢？

孔门明星：四科十哲

如今对于孔子的弟子有哪些人，有个普遍的计算方式，是依《史记·仲尼弟子列传》或《孔子家语·七十二弟子解》有没有列入来评断。不过就算有这两本书当根据，要计算孔子到底有多少弟子还是很难论断，因为像《史记·孔子世家》说：“孔子以诗书礼乐教，弟子盖三千焉，身通六艺者七十有二人。如颜浊邹之徒，颇受业者甚众。”虽然前面说有七十二个人，但后面却列了七十六个人，怎么一回事？是算术不好吗？

而《史记·仲尼弟子列传》却是：“孔子曰‘受业身通者七十有七人’，皆异能之士也。”“自子石已右三十五人，显有年名及受业闻见于书传。其四十有二人，无年及不见书传者纪于左。”所以这里是七十又七人，但我把名单拿来算了半天好像也是七十六人，怎么会是七十七？难道司马迁手指头跟我的不一样吗？

不过，一个虽然说七十二，实际列出七十七，一个说七十七，实际也只列出七十六，两本书列出来的名单又有少数差别。即使共同名单是挺多的，但仍有少数的不同，也不知道为什么会有这种情况。只是这两个名单似乎从来没有人好好地比较过，我干脆做了两个表格（第144—148页“表5”、第149—150页“表6”），把两本书的差异用比较清楚的方式来呈现，最后算出八十七个名字。

孔子弟子之中最有名的当然是所谓的“四科十哲”。十哲到了清朝变成十二哲，而且中间还有经过十一哲的演变，关于这个演变，之后会另作说明。至于四科，就是德行、政事、言语跟文学（这个文学跟现在讲的文学不一样，不是指小说、散文之类的意义，而是指六艺典籍，指学问或学术）。

表5《史记·仲尼弟子列传》和《孔子家语·七十二弟子解》名单

《史记》中的顺序编号	姓名（以《史记》为主，括号中为《孔子家语》的用词或常用名称）	《孔子家语》中的顺序编号
001	颜回（颜渊）	001
002	闵损（闵子骞）	002
003	冉耕（冉伯牛）	003
004	冉雍（仲弓）	004
005	冉求	007
006	仲由（子路）	008
007	宰予（宰我）	005
008	端木赐（子贡）	006
009	言偃（子游）	009
010	卜商（子夏）	010
011	颛孙师（子张）	011
012	曾参（曾子）	012
013	澹台灭明	013
014	宓不齐（子贱）	015
015	原宪（原思）	019
016	公冶长	020
017	南宫括（南宫韬）	021
018	公皙哀	022

续表

019	曾蒧（曾皙：曾点）	023
020	颜无繇（颜路）	024
021	商瞿	025
022	高柴	014
023	漆雕开	026
024	公伯缭	
025	司马耕（司马黎耕、司马牛）	030
026	樊须（樊迟）	016
027	有若（有子）	017
028	公西赤（公西华）	018
029	巫马施（巫马期）	031
030	梁鳣	032
031	颜幸（颜辛）	035
032	冉孺	034
033	曹恤	038
034	伯虔	036
035	公孙龙（公孙宠）	037
036	冉季	049
037	公祖句兹（公祖兹）	043
038	秦祖	041

续表

039	漆雕哆（漆雕侈）	074
040	颜高	
041	漆雕徒父	
042	壤驷赤（穰驷赤）	048
043	商泽	055
044	石作蜀（石子蜀）	067
045	任不齐	056
046	公良孺	027
047	后处（石处）	051
048	秦冉	
049	公夏首（公夏守）	064
050	奚容箴	
051	公肩定（公肩）	060
052	颜祖（颜相）	076
053	鄡单	
054	句（勾）井疆	065
055	罕父黑（宰父黑）	046
056	秦商	028
057	申党（申绩）	070
058	颜之仆（颜之仆）	072

续表

059	荣旗（荣祈）	057
060	县成（悬成）	075
061	左人郢（左郢）	053
062	燕伋（燕级）	063
063	郑国	
064	秦非	061
065	施之常	069
066	颜哙	058
067	步叔乘	066
068	原亢籍	
069	乐欬（乐欣）	071
070	廉絜（廉洁）	044
071	叔仲会	040
072	颜何	
073	狄黑	054
074	邦巽（邦选）	068
075	孔忠	
076	公西舆如（公西与）	045
077	公西蒧	047
	颜刻	029

续表

	琴牢	033
	陈亢	039
	奚蒧	042
	薛邦	050
	悬亶	052
	原桃	059
	漆雕从	062
	孔弗	073

数据源：孙中兴根据《史记·仲尼弟子列传》和《孔子家语·七十二弟子解》自行制作。

表6 孔子二十八弟子在《论语》中出现的排行及次数统计

次数排行	四科十哲	姓名	字	《论语》出现次数
1	政事	仲由（季路）	子路	40
2	言语	端木赐	子贡	36
3	文学	卜商	子夏	20
3	德行	颜渊	颜渊	20
4		颛孙师	子张	18
5		曾参	曾子	15
5	政事	冉求	冉有	15
6	文学	言偃	子游	8
7		樊须	樊迟	6
7	德行	冉雍	仲弓	6
8	言语	宰予	宰我	5
8		公西赤	华	5
8	德行	闵损	子骞	5
9		有若	有子	4
9		南宫括	南容	3
9		司马牛		3
10		原宪	子思	2
10	德行	冉耕	伯牛	2

续表

次数排行	四科十哲	姓名	字	《论语》出现次数
10		高柴	子羔	2
11		林放		1
11		公冶长		1
11		宓不齐	子贱	1
11		漆雕开	子开	1
11		澹台灭明	子羽	1
11		巫马施	子旗	1
11		琴开（张）	琴牢	1
11		颜无繇	颜路	1
11		曾皙	曾点	1

注：本表由孙中兴根据《论语》制作。

四科里面共有十位代表人物，就是十哲，包括：

德行：颜渊、闵子骞、冉伯牛、仲弓；

政事：冉有、子路；

言语：宰我、子贡；

文学：子游、子夏。

而在这一章，我们要聊聊在孔门这些弟子当中，几个个性比较鲜明的人物。

被收服的勇夫：子路

第一个要介绍的人是子路（仲由），他也是在《论语》当中被提到最多次数的弟子。子路小了孔子九岁，性格就是个勇夫，看起来跟很多中国历史人物相当接近，可以把他想成张飞或项羽，靠着勇来行事、身材非常好、力气很大的人。因此一开始子路不相信道德的力量，只相信勇武之力，最后是孔子说服他有道德会更有力量，有点像唐三藏收服孙悟空。

子路性鄙，好勇力，志伉直，冠雄鸡，配豭豚，陵暴孔子。孔子设礼稍诱子路，子路后儒服委质，因门人请为弟子。（《史记·仲尼弟子列传》）

《史记》说子路这个人很直，见不得不好的事情，也会把鸡毛拿来插在自己头上，表示自己英勇；“配豭豚”是说他会当时佩戴当时流行的东西，还说他曾经陵暴孔子，看不起这种孬货，质疑孔子举得起大石头吗？当然最后很多故事都会告诉你，真正的智者不靠武力，更重要的是智力；现代人常常强调的也是道德的勇气，不是身体的勇气。

孔门里面最勇的就是子路，所以孔子曾说过，自从子路到我门下以后，就再没听过人家批评我——谁还敢批评你？有这样的保镖站在旁边，谁批评试试看！很像现在的明星出来，都会请个保镖挡在前面。不过子路也治理过蒲这地方，还当过家宰（大夫家中的宰相），也不全是一介勇夫而已。

可是子路最后是怎么死的？我觉得这是比较尴尬的问题，这个故事在前面也讲过，就是子路后来跟别人打仗的时候，因为绑帽子的带子被砍断、帽子歪了，他想说做个君子怎么能衣冠不整，就要把帽子绑好，结果对方趁乱把他杀了，还把他剁成了肉酱。后来消息传到孔子耳中，孔子就叫人把家里的酱物给丢了。

子路死后，孔子说："噫，天祝予！"意思说天要断绝他。

只靠一张嘴救国：子贡

《论语》里出现最多的是子路，其次就是子贡。子贡又叫端木赐，卫国人，所以后来也在卫国当宰相。《史记》说："子贡利口巧辞，孔子常黜其辩。"说他很会说话，但孔子也常吐槽他不要只靠一张嘴。

子贡的一张嘴到底有多厉害？在《史记·仲尼弟子列传》有段记载。

陈子禽问子贡曰："仲尼焉学？"子贡曰："文武之道未坠于地，在人，贤者识其大者，不贤者识其小者，莫不有文武之道。夫子焉不学，而亦何常师之有！"又问曰："孔子适是国必闻其政，求之与？亦与之与？"子贡曰："夫子温、良、恭、俭、让以得之。夫子之求之也，其诸异乎人之求之也。"

陈子禽问子贡，孔子的学问都是跟谁学的？子贡说文武之道有精致、有庶民文化……什么都有，这一段回答跟孔子其实没有关系，有关系的是子贡下面说的："夫子焉不学，而亦何常师之有！"老师对精致文化也学，学琴、学礼，庶民文化也学，什么都学。

接着陈子禽又问："孔子适是国必闻其政，是求来的？还是人家给的？"子贡说："我们老师温、良、恭、俭、让以得之。夫子之求之也，其诸异乎人之求之也。"这句话真的是巧言，因为孔子其实就是求的，只是没求到；可子贡就是想要证明老师的求跟别人的求不一样，所以说孔子是"温、良、恭、俭、让以得之"。

以下则是一个很少人知道子贡做过的伟大事情，出自《史记·仲尼弟子列传》，故事有点长却非常精彩，值得详细讲一下。

田常欲作乱于齐，惮高、国、鲍、晏，故移其兵欲以伐鲁。孔子闻之，谓门弟子曰："夫鲁，坟墓所处，父母之国，国危如此，二三子何为莫出？"子路请出，孔子止之。子张、子石请行，孔子弗许。子贡请行，孔子许之，遂行。至齐，说田常曰：“君之伐鲁过矣。夫鲁，难伐之国，其城薄以卑，其地狭以泄，其君愚而不仁，大臣伪而无用，其士民又恶甲兵之事，此不可与战。君不如伐吴。夫吴，城高以厚，地广以深，甲坚以新，士选以饱，重器精兵尽在其中，又使明大夫守之，此易伐也。”田常忿然作色曰：“子之所难，人之所易；子之所易，人之所难。而以教常，何也？”子贡曰：“臣闻之，忧在内者攻强，忧在外者攻弱。今君忧在内。吾闻君三封而三不成者，大臣有不听者也。今君破鲁以广齐，战胜以骄主，破国以尊臣，而君之功不与焉，则交日疏于主。是君上骄主心，下恣群臣，求以成大事，难矣。夫上骄则恣，臣骄则争，是君上与主有郤，下与大臣交争也。如此，则君之立于齐危矣。故曰不如伐吴。伐吴不胜，民人外死，大臣内空，是君上无强臣之敌，下吾民人之过，孤主制齐者唯君也。”田常曰：“善。虽然，吾兵业已加鲁矣，去而之吴，大臣疑我，奈何？”子贡曰：“君按兵无伐，臣请往使吴王，令之救鲁而伐齐，君因以兵迎之。”田常许之，使子贡南见吴王。

说曰：“臣闻之，王者不绝世，霸者无强敌，千钧之重加铢两而移。今以万乘之齐而私千乘之鲁，与吴争强，窃为王危之。且夫救鲁，显名也；伐齐，大利也。以抚泗上诸侯，诛暴齐以服强晋，利莫大焉。名存亡鲁，实困强齐，智者不疑也。”吴王曰：“善。虽然，吾尝与越战，栖之会稽。越王苦身养士，有报我心。子待我伐越而听子。”子贡曰：“越之劲不过鲁，吴之强不过齐，王置齐而伐越，则齐已平鲁矣。且王方以存亡继绝为名，夫伐小越而畏强齐，非勇也。夫勇者不避难，仁者不穷约，智者不失时。王者不绝世，以立其义。今存越示诸侯以仁，救鲁伐齐，威加晋国，诸侯必相率而朝吴，霸业成矣。且王必恶越，臣请东见越王，令出兵以从，此时空越，名从诸侯以伐也。”吴王大说，乃使子贡之越。

越王除道郊迎，身御至舍而问曰：“此蛮夷之国，大夫何以俨然辱而临之？”子贡曰：“今者吾说吴王以救鲁伐齐，其志欲之而畏越，曰‘待我伐越乃可’。如此，破越必矣。且夫无报人之志而令人疑之，拙也；有报人之志，使人知之，殆也；事未发而先闻，危也。三者举事之大患。”句践顿首再拜曰：“孤尝不料力，乃与吴战，困于会稽，痛入于骨髓，日夜焦唇干舌，徒欲与吴王接踵而死，孤之愿也。”遂问子贡。子贡曰：“吴王为人猛暴，群臣不堪；国家敝以数战，士卒弗忍；百姓怨上，大臣内变；子胥以谏死，太宰嚭用事，顺君之过以安其私：是残国之治也。今王诚发士卒佐之以徼其志，重宝以说其心，卑辞以尊其礼，其伐齐必也。彼战不胜，王之福矣。战胜，必以兵临晋，臣请北见晋君，令共攻之，弱吴必矣。其锐兵尽于齐，重甲困于晋，而王制其敝，此灭吴必矣。”越王大说，许诺。送子贡金百镒，剑一，良矛二。子贡不受，遂行。

报吴王曰：“臣敬以大王之言告越王，越王大恐，曰：‘孤不幸，少失先人，内不自量，抵罪于吴，军败身辱，栖于会稽，国为虚莽，赖大王之赐，使得奉俎豆而修祭祀，死不敢忘，何谋之敢虑！’”后五日，越使大夫种顿首言于吴王曰：“东海役臣孤句践使者臣种，敢修下吏问于左右。今窃闻大王将兴大义，诛强救弱，困暴齐而抚周室，请悉起境内士卒三千人，孤请自被坚执锐，以先受矢石。因越贱臣种奉先人藏器，甲二十领，铁屈卢之矛，步光之剑，以贺军吏。”吴王大说，以告子贡曰：“越王欲身从寡人伐齐，可乎？”子贡曰：“不可。夫空人之国，悉人之众，又从其君，不义。君受其币，许其师，而辞其君。”吴王许诺，乃谢越王。于是吴王乃遂发九郡兵伐齐。

子贡因去之晋，谓晋君曰：“臣闻之，虑不先定不可以应卒，兵不先辨不可以胜敌。今夫齐与吴将战，彼战而不胜，越乱之必矣；与齐战而胜，必以其兵临晋。”晋君大恐，曰：“为之奈何？”子贡曰：“修兵休卒以待之。”晋君许诺。

子贡去而之鲁。吴王果与其人战于艾陵，大破齐师，获七将军之兵而不归，果以兵临晋，与晋人相遇黄池之上。吴晋争强。晋人击之，大败吴师。越王闻之，涉江袭吴，去城七里而军。吴王闻之，去晋而归，与越战于五湖。三战不胜，城门不守，越遂围王宫，杀夫差而戮其相。破吴三年，东向而霸。

故子贡一出，存鲁，乱齐，破吴，强晋而霸越。子贡一使，使势相破，十年之中，五国各有变。

齐国的田常想作乱于齐，可没那个身份地位，又忌惮高、国、鲍、晏这四大家族，于是想转移焦点去伐鲁国，要是能把鲁国打下来，那他的军功就不得了，四大家族也无法威胁他了。孔子听到这个消息，就跟弟子说：“田常要打鲁国，鲁是我的国家，国家已经为难了，谁可以出来救救鲁国？”

一开始，子路说：“我来！”但被孔子制止。后来子张、子石也没有得到孔子的允许。直到子贡举手，孔子才同意由他出面。于是，子贡先到了要攻打鲁国的齐国，跟田常说：“你干吗去打鲁国呢？那国家的城墙薄得跟纸糊的一样，地方又小，国君又昏庸，大臣没一个好东西，士兵又不喜欢打仗，打这种国家干什么？”把鲁国讲得很烂，好像完全没有讨伐的价值。

然后还跟田常说：“像你这么有能力，不如去打南边的吴国。”其实这是转移焦点。接着又说吴国有多厉害多厉害，又说它很好打。田常听完，生气地说：“你讲的什么话？骗我啊你？你到底懂不懂什么叫难，什么叫易？”

而说客就是这样，用超乎常理的东西让你生气，然后再来说服你。

子贡回答：“臣听说，一个国家如果有内忧就要向外打仗，如果有外忧就要攻弱。今天你担心的是内忧，目的就是伐鲁国获军功，战胜以骄主。但你这样做是没有用的。你以为打了鲁国，自己的声望会上升？拜托，不会的，那太容易了，讨厌你的人只会更多，到时候你搞不定的……”这真是了解田常，也打到田常的心，于是他问子贡：“你说得好，但我的兵已经都派往鲁国了，如果又拉回来，其他大臣会怀疑我怎么办？”

子贡说：“你就先按兵不动，我来替你想个办法。这样好了，我先去吴国，劝吴国来救鲁国打齐国，这样你就可以打吴国了。”于是田常便接受子贡的提议。

后来子贡去了吴国，也跟吴王说：“如果齐国打了鲁国，得到鲁国的一切，对你吴国也不好。最好的方式就是你去救鲁国，同时伐齐，这对你有太大的好处！看起来是要救鲁国，其实是要扩大你的影响；你把齐国打下来，以后诸国都会佩服你啊，觉得你就是霸主！而且这时候你去救鲁国，还会得到天下人的赞扬。”

那吴王一听，一箭双雕啊！就很高兴地对子贡说：“你讲得不错，不过我也有一个忧患。就是我曾经打败越王，而他现在正在苦身养士伺机报复，你只要帮我搞定他，让我无后顾之忧，我就听你的。”

于是子贡接着真的去了越国，但他跟越王说：“你不是要报仇吗？现在我说服吴国去伐齐，只要他去伐齐，你就可以报仇了。但是你要在吴国伐齐之前表现得很温顺，让吴王觉得你不会对他不利，这样他才会大胆伐齐，然后你就可以趁着吴国国力空虚的时候，一并把它拿下来。”

最后，子贡还转往北方的晋，跟晋王分析了吴、齐大战，要晋国提早做准备……总之就是把越国跟晋国都打点好。后来，吴国真的在大战中打败齐国，接着晋国因担心吴的势力坐大，就去打吴国；越国也趁着吴国空虚的时候去进攻吴。结果齐国完了、吴国完了、晋国强大了、越国报仇了，原本担心的鲁国早就没人关注，反而得以保存下来。

子贡凭着一个人一张嘴就把各国情势搞成这样，这真是孔门言语科厉害的地方。他不仅仅是一个生意人，只会做做生意而已，靠着一张嘴能把一个国家给保住；而且他完全知道对方忧虑的地方，然后把别人担心的事转成对自己有利的事。以前的我不太重视子贡，直到读到这一段，真觉得他太厉害，佩服得五体投地！

不过这场混战说是好事，也只是对鲁国而言，对天下绝对不是好事，尤其若是依孔子的想法，只要打仗都不是好事。子贡虽然保存了鲁，但是他乱了齐，也把吴国给毁了，影响的也不只是君王，而是包含整个国家的人民。

孔门模范生：颜渊

现在来说说被视为是孔门第一的颜渊。大部分人都认为颜渊是一个瘦子，其实要把颜渊想象成一个胖子也是有点不可理解，毕竟他一箪食一瓢饮嘛！所以你会想象他看起来就是一副有气无力的样子。还有，他也很像是道家派来卧底的，好比孔子提到的“修己治人”，颜渊大概只有想要“修己”而已。

孔子曾说自从颜渊来到门下之后，学生之间也变得亲近了，所以颜渊不是个死读书的知识分子、那种班上第一名然后跟大家都不好，被大家怨恨，椅子上被粘口香糖又粘到屁股的人，他不是，他真的是一个能够实践孔子想法的人。

在《论语·为政》中，孔子就说：“吾与回言终日，不违，如愚。退而省其私，亦足以发，回也不愚。”说他跟颜渊讲了一天的话，但颜渊只是默默听着，三棍子都打不出一个屁，看起来不太聪明的样子。后来孔子到一旁默默观察，发现颜渊会把自己讲的话实践出来，也没有表面上看起来的笨。这就叫大智若愚，也是中华文化强调的，不要把聪明显现出来、锋芒毕露。

哀公问：“弟子孰为好学？”孔子对曰：“有颜渊者好学，不迁怒，不贰过。不幸短命死矣！今也则亡，未闻好学者也。”（《论语·雍也》）

哀公曾经问孔子，弟子里面谁最为好学？孔子以颜渊为例，说颜渊“不迁怒，不贰过”。这里不是说颜渊不会犯错，而是他不会犯第二次的错。但也有人想得很邪恶，其实他只要第二次犯错时不要被抓到就好，因为犯错的重点在于有没有被抓到，没被抓到就没有犯错的问题，是吧？这当然是一种诡辩啦！

不迁怒也并非说他不会生气，颜渊当然会生气，只是生气的时候不会乱发脾气，迁怒到别人身上。

子曰：“回也，其心三月不违仁。其余，则日月至焉而已。”（《论语·雍也》）

颜渊在孔子的学生里面是很特殊的，孔子说他“其心三月不违仁”，三月不是指刚好三月，而是说在大部分的情况之下，他不会违背仁的原则。“其余，则日月至焉而已”，孔门里面其余的人，大概只能做到一个月而已，其他时间就忘了仁。看得出来要在孔子的身边当学生也不太容易。

但我们不要想着孔子的学生都做不到，自己当然也做不到；

我们当然可以做得到啊！我的逻辑常常跟别人不一样，别人说那是圣贤，我们怎么做得到？我想，如果你从西方圣贤的角度来看，西方人很喜欢强调圣贤的超能力，比如耶稣可以用五饼二鱼喂饱大家、行在水上，以拥有超能力来凸显圣贤跟一般人不一样的地方，那当然是做不到。但孔子没有任何超能力，也不是救世主，他做的是人都能做到的事，都在生活里。

在《孟子》里，有一句话是："舜何？人也。予何？人也。有为者亦若是。"很多事是大家都做得到的，只是大家不愿意去想，不愿意去做；把它想得很难很难，就不用去做了。

任重而道远：曾子

在《论语》里面，曾子几乎跟孔子没有什么问答对话，但曾子的弟子是编《论语》的人，他们的对话没摆多少进去，其实也是有点奇怪。虽然《论语》里并不是没有曾子的话，不过他说话的时候大半都是自己说自己的，没跟孔子有太多互动。

传说曾子教了子思（孔子的孙子），有人就信誓旦旦地说，孔子把子思托给曾子，然后子思弟子那一派又教到了孟子，于是这一派就叫思孟学派，也展开孔门里的心性之学。不过要追溯源头是从曾子而来的，为什么不叫曾思孟学派呢？

之前我们讲到孔家三代出妻的事，然而孔子的弟子也有出妻的，就是曾子。《孔子家语》里提到："参后母遇之无恩，而供养不衰，及其妻以藜烝不熟，因出之。"说曾太太因为饭没煮熟，所以被休了。可见曾子脑袋也不是太好，不在七出之列的理由他也要休妻？饭煮不熟就请个人嘛，或者再练一练就可以了啊！

子曰："参乎！吾道一以贯之。"曾子曰："唯。"子出。门人问曰："何谓也？"曾子曰："夫子之道，忠恕而已矣。"（《论语·里仁》）

这一段是《论语》里，孔子与曾子少数有说到话的时候，但曾子也只说了"唯"，就是"是的"而已——我想这可能是法文 oui（是的）的开始。

"子出，门人问曰：'何谓也？'曾子曰：'夫子之道，忠恕而已矣。'"于是有人把曾子的话当成是对孔子"一以贯之"的正解，认为孔子之道就是忠恕；但也有人说不是的，只是曾子个人的理解，因此有了不同的说法。

曾子曰："士，不可以不弘毅，任重而道远。仁以为己任，不亦重乎？死而后已，不亦远乎？"（《论语·泰伯》）

很多人以为"任重而道远"是孔子说的，其实不是，是曾子说的。但曾子这一句任重道远，后来让儒家变得很沉重，毕竟《论语》一开始讲的是说乐君子，说"学而时习之，不亦说乎？有朋自远方来，不亦乐乎？人不知而不愠，不亦君子乎"。这过程其实是要展现出内心和外在的高兴，还要跟朋友分享你的喜悦，可是到了曾子以后呢，就变成任重道远，所以每个人的眉头是这样皱着的。

我觉得用这样的方式来解读太沉重了。我们能不能有个活活泼泼、快快乐乐的诠释，一样可以解决自己眼前的问题，而不必那样“任重而道远”，感到一种老牛在拖车般的压力。

曾子寝疾，病。乐正子春坐于床下，曾元、曾申坐于足，童子隅坐而执烛。童子曰：“华而睆，大夫之箦与？”子春曰：“止！”曾子闻之，瞿然曰：“呼！”曰：“华而睆，大夫之箦与？”曾子曰：“然，斯季孙之赐也，我未之能易也。元，起易箦。”曾元曰：“夫子之病革矣，不可以变。幸而至于旦，请敬易之。”曾子曰：“尔之爱我也不如彼。君子之爱人也以德，细人之爱人也以姑息。吾何求哉？吾得正而毙焉斯已矣。”举扶而易之。反席未安而没。（《礼记·檀弓上》）

曾子临终时的故事很能呈现他的个性，也呼应了前一段的形象。

他病得临终之时，有个叫乐正子春的人来了，这家伙真是不通情，看到曾子躺在大夫才能用的席子上，就说：“你怎么可以睡在这个大夫的席子上？你身份不对啊！”曾子拖着那快死的身躯说：“哎呀，你讲得对，这是上司季孙氏送我的，我没力气换，可我真不应该死在这席子上……来人啊，把这席子给换了……”但还没换完，曾子就走了。在这样的情况下，要临终了，曾子依然战战兢兢、如临深渊，生怕不符合师门的规矩，直到最后一刻。难怪让别人觉得这儒家也太严格了吧？

长得像也是错：有子

孔子既没，弟子思慕，有若状似孔子，弟子相与共立为师，师之如夫子时也。（《史记·仲尼弟子列传》）

有子（有若）最有趣的地方在于据说长得很像孔子。

根据古代的规矩，人死后要找一个人当成是亡者，通常会是他的孙子坐在那，叫作“尸”，目的是要借由“尸”让大家忆起亡者的生前。

孔子死后，因为弟子非常非常怀念孔子，就在众人中选了一个长得很像老师的人，这个人就是有子，然后还要有子上台讲课——我想这就是最早的虚拟现实。弟子们希望能感觉孔老师还在，还能跟老师学习的样子。这件事只有一个人反对，就是曾子，他说不行啊，不是真的就不是真的。

但孔门里面有时候也是不讲道理的。最终有子还是被拱上台，只是他上去以后就行礼如仪地坐在上面，人家问他问题，他也回答不出来，结果一群人又把他轰下台。这件事是孔子过世后孔门弟子的一场闹剧，也是很特殊的一段故事。

不可以貌取人：澹台灭明

子游为武城宰。子曰：“女得人焉尔乎？”曰：“有澹台灭明者，行不由径，非公事，未尝至于偃之室也。”（《论语·雍也》）

状貌甚恶。欲事孔子，孔子以为材薄。既已受业，退而修行，行不由径，非公事不见卿大夫。（《史记·仲尼弟子列传》）

南游至江，从弟子三百人，设取予去就，名施乎诸侯。孔子闻之，曰："吾以言取人，失之宰予；以貌取人，失之子羽。"（《史记·仲尼弟子列传》）

这三段故事都是在讲澹台灭明。这个澹台灭明是武城人，当子游到武城的时候，孔子就问子游："你在武城有没有碰到什么不错的人啊？"子游说，有啊！有个叫澹台灭明的人，"行不由径"，是说没有公事都不会来找，表示他是一个正直的人。不过，《论语》里没讲澹台灭明长得怎样，但在《史记·仲尼弟子列传》说他"状貌甚恶"，丑到不行啊！还说澹台灭明想要拜孔子为师，可是孔子认为这个人不太有才华。我觉得这段话绝对是假的，孔子不是有教无类吗？要不然就是孔子在澹台灭明以后才开始有教无类。

另外《史记》还提到："南游至江，从弟子三百人，设取予去就，名施乎诸侯。孔子闻之，曰：'吾以言取人，失之宰予；以貌取人，失之子羽。'"子羽就是澹台灭明，孔子说：你以为人相貌长得丑，这个人的心就丑了吗？不是的，如果是用这个标准，就不会知道子羽这个人有多大才能。

所以澹台灭明长得丑又怎样呢？一个人的思想、才能或是研究的心得，跟长相是没关系的，即使孔子长得很帅，也跟他脑子里的内容、他的思想没关系啊！

虽然在这一章节无法介绍太多，但这几位孔门弟子各有各的形象、样貌，在《论语》《史记》或其他古籍中都有关于他们的故事。如果你把《论语》当成一个故事集，记录一位老师和他的弟子们如何求知、讨论人生的问题或国家大事，每个人都有自己的戏，在文字间想象一下他们的想法、行为和言语，以及他们在当时活过的方式，会觉得这些弟子如颜渊、子路、子贡、曾子……都变得非常鲜明、有血肉，不再只是书本上一个平板、要背诵的名字而已，那么，你看待《论语》的心情或许也会随之不同了。

陆

6

由凡入圣

——孔子的圣化之路

子曰

"若圣与仁，
则吾岂敢？
抑为之不厌，
诲人不倦，
则可谓云尔已矣。"

从凡人走向圣人
——孔子形象的演变

孔子的形象在各个时代略有不同，远从先秦到魏晋南北朝，甚至可以说直到现在，依旧有人持续在为孔子建构形象。这些孔子形象的塑造跟后来将他圣化与崇拜，不仅有一定的脉络，也影响着孔子在文化中的地位与发展。在这一章，我们会从孔子的形象、圣化和孔庙崇拜的过程，来看看他在中华文化中的地位演变。

只是在研究孔子的形象演变之前，我们应该先要有个认知：不管孔子怎么被描述，早已经跟他本身是什么样的人没有关系了。除非我们能够真的“穿越”，穿回到历史的现场、看到孔子实际生活的当下，否则我们现在所认知的孔子，都是后人所塑造的，也没有一个人知道真正的孔子长什么样子。而且即使是同一句话，不同的人也会有不同的解读。

但即便如此，去了解孔子的形象，或者说去发现大家怎么根据自己的需要、想法，创造出孔子的形象，也是非常有意思的事。

另外，这一章也要来谈谈孔子的圣化跟崇拜。他原来只是一个人，一个具具体体在历史上活过的人，不是一个神话人物；

他做的事情也都有记载，但后人怎么把他变成了神？尤其历代的读书人或是在朝当官的人，出于某些目的而把孔子塑造成神或圣人。

虽然早在孟子的时代，就有人认为孔子应该是圣人，但那时候的“圣人”具体来讲是什么意思？历代的解释可能也不同。特别是后来的人为了某种目的，建立了孔庙崇拜系统，这样的演变其实在文化上是非常少见而特别的，也值得我们探讨。

儒家的成立与分化

孔子死后，这位精神象征和创始者过世了，儒家这个学派发生了什么事呢？就是儒家俨然成立，却也同时面临分化。

例如，孟子自称上接孔子，号称是孔子的私淑弟子，是因为他属于孔子的孙子子思所传承的一派，因此孟子这一派叫作“思孟学派”。思孟学派特别受到宋明儒者的喜爱，在那个时期，思孟学派的影响力就很大，像是把《孟子》变成《四书》之一，或是后来变成十三经[①]之一都是。

另一个常被拿来和孟子比较的荀子就没有这样的待遇了。唐代思想家韩愈说荀子是大醇而小疵，意思是他大致纯正但略有瑕疵。为什么？其实不过是因为荀子开启了之后的法家。但

① 十三经：儒家的核心经典，包括《周易》《尚书》《诗经》《周礼》《仪礼》《礼记》《左传》《公羊传》《穀梁传》《孝经》《论语》《尔雅》《孟子》。

就算他开启了之后的法家又怎样？法家的形成是后代人的事情，后代人做的就是后代人的事情，关荀子什么事？就像你们将来有什么成就，关我什么事？你做得好，如果你客气一点说，我当初上了孙老师的课，所以才有今天的成就。那是客气的说法，多少人修我的课没有几个人像你有那样的成就，所以你有成就是你自己的事，真的不是我的事。那你做了坏事，同样也是你的事，多少人修我的课都没做坏事，所以怪不到我头上的。可是，古代人就觉得师生有种特别关系，正因为这样，荀子并不被后来的读书人重视。

然而我觉得荀子其实有继承孔子的地方，像是《荀子》第一篇就叫《劝学》，这跟孔子的“学而时习之”是同样的道理；再者，《论语》的最后一篇叫《尧曰》，也跟《荀子》的最后一篇《尧问》很像，两者从篇名到内容精神都很接近。但可惜就像前面说的，荀子因为法家的关系而不被重视，连后来孔庙里也只见孟子而没有荀子，实在没道理，荀子的影响力应该也受到重视才是。

先秦的分化者：荀子与韩非

除了法家的因素之外，在《荀子·非十二子》中批评三种儒家，也是荀子没被重视的原因之一。因为他讲人家是“贱儒”，偏偏这三种儒家呢，又刚好是《论语》里面很重视的人。这三种贱儒包括子张氏之贱儒、子夏氏之贱儒与子游氏之贱儒。

子张氏的贱儒，“弟陀其冠，神禫其辞，禹行而舜趋：是子张氏之贱儒也”，说他们帽子戴得很高、话讲得很好听、走路是小步快走的样子，意思是子张氏的贱儒仪表堂皇，只有外表，没有内涵。

子夏氏贱儒，“正其衣冠，齐其颜色，嗛然而终日不言：是子夏氏之贱儒也”，说这些人看起来都是一个样，就不讲话，你问他什么都不讲话，像哑巴，这是子夏氏的贱儒。

还有子游氏的贱儒，“偷儒惮事，无廉耻而耆饮食，必曰君子故不用力：是子游氏之贱儒也”，意思是他们做事怕东怕西，嗜吃到胖得很，自以为是君子而不做俗人之事。

荀子连自己门派的人都骂，这不是窝里反吗？你想这能见容于后代的儒者吗？你要么去骂庄子，要么去骂墨家、骂道家，骂其他人都行，干吗骂自己人啊？中国历代是都不能骂自己人，自己人是让别人骂的，只要自己人骂自己人就是窝里反，就是间谍。

人家韩非子要骂就算了，他已经是后人了，又不同派别的；在《韩非子·显学》说“孔子死后儒分为八”，包含子张之儒、子思之儒、颜氏之儒、孟氏之儒（一说是孟子，但也有人说不是）、漆雕氏之儒、仲良氏之儒、孙氏之儒（多半说是指荀子）、乐正氏之儒。那韩非子说的跟荀子的贱儒有什么差别？差就差在那时的法家客气，怕你告他，因此没想到用“贱”这个字。

三化的儒家：精神、政治、民间

新儒家代表学者刘述先则把儒家分为三类，包括精神的儒家、政治化的儒家与民间的儒家。

精神的儒家（Spiritual Confucianism），指孔孟、程朱、陆王以及当代新儒家通过创造性的诠释、改造力求复兴的大传统。这些人都有很强烈的使命，但很多人都只是在思想上而已，在行为上并不是很遵守孔子严格的道德要求。

政治化的儒家（Politicized Confucianism），指汉代以来发展成为朝廷义理的传统。很多人希望发挥影响力，用儒家来影响政治。

民间的儒家（Popular Confucianism），指在草根层面无形中发生作用的信仰和习惯。[①]

民间的儒家也许像是关公这种形象的。或许你觉得：关公是儒家吗？看起来很难扯在一起，但如果以忠孝节义等广泛内涵来讲，关公就是儒家啊！台南孔庙的旁边有个明伦堂，柱子上就写着“忠孝节义”四个大字。

何况忠孝节义也是传统戏曲里面一个固定的主题，你不管演布袋戏、歌仔戏，甚至看现在有些外国电影，基本上都在讲忠孝节义的事情。所以类似忠孝节义这样的精神思想，以民间习惯的方式流传、深化，也是一种儒家思想的建立。

远离群众、走向高台：孔子的圣化与崇拜

孔子被捧为圣人，当然有人很高兴，也有人不高兴。我想

---

① 刘述先《论儒家哲学的三个大时代》第58页，香港中文大学出版社，2008年。

最高兴的就属孔家，因为孔家历代人被封为什么“五经博士”，是一个很特殊的地位，虽然说不上是官二代，更不是富二代，却是一个很特殊的多代。目前孔家第八十代已经出生了，如果这个家系继续下去，就真的是仅次于万世一系的日本天皇之外，历史上最长远的家族。

至于孔子的圣化，是从很早之前就开始了。“圣化”也可以从法国马克思主义学者阿图塞（Louis Pierre Althusser）“国家意识形态机器”的说法来看，比如把孔子视为是中华文化的精神代表，等于是把孔子变成一种国家意识形态机器。这其实在哪个时代、哪个国家都一样，基于某些目的而把一个思想家神圣化，为某个意识形态服务。

而在孔子的圣化中，又分为圣日崇拜、圣地崇拜、圣事崇拜、圣人崇拜及圣家庭崇拜等五个面向，接着就来一一介绍。

圣日崇拜：祭孔

将孔子圣化的第一个步骤是设立圣日崇拜。什么叫作孔子的圣日？就是孔子的诞辰。在民国以前，孔子诞辰都是以农历八月二十七日来纪念，只是那时纪念也不是很正式。到了五四时期，当时有一股反孔的风潮，但越反孔也会越有人尊孔，因此反而更强调孔子的诞辰。

那时要算出孔子诞辰，得先把阴历转成了阳历，于是有人算出来说是 9 月 28 日，但其实并不代表孔子诞辰真的是那一天。因为实际上是哪天，得要看古籍的记载，不过在《穀梁传》跟《公羊传》都只有记载孔子出生是哪一年，哪一日并没讲得很清楚，然后到了《史记》却又变成晚一年出生，这也很难确认，只是后来大家都根据《史记》的说法。

所以说，9月28日并不真是孔子的生日，因为他的生日老早就搞不清楚，光是哪一年都搞不清楚，更别讲哪一日；我们现在说的孔子诞辰纪念日只是一种约定俗成，既然大家都同意，那就这一天吧。

但是这种圣日崇拜有时是非常决断的，没有什么逻辑。孔子难道不会死吗？当然会死，但他已经圣化了，所以不会有忌日，我们只纪念出生而不纪念死亡。

这也跟佛教或民间宗教信仰一样，就像台湾地区的庙宇都会纪念天公生日，但有没有听过纪念天公逝世的？没有，为什么？因为天公不会死。开什么玩笑，天公还会死？他是神明，神明就没有死的问题，因此孔子的圣化也是这样，他是永垂不朽，不会死的。

圣地崇拜：孔庙

很多文化都有圣地崇拜，像伊斯兰教徒一辈子一定要到麦加朝圣一次，这是他们终生的职志。那其他宗教的人呢？信仰基督宗教的人也会想到耶路撒冷，看一下圣地是怎么回事。不过在中华文化里从来没有发起过朝圣运动，试想如果每个华人一生都应该到山东曲阜一次，把观光做大一点，那曲阜的酒店就盖不完了。

台北孔庙“万仞宫墙”

台北孔庙泮池泮桥

高雄孔庙棂星门

台北孔庙东庑

台北孔庙西庑

虽然没有朝圣的文化，但根据中国哲学家干春松所出版的书籍中，就有记载在唐贞观四年（630 年），唐太宗下令在各州县设立孔庙[①]。原来的孔庙只是家庙，后来被唐太宗变成一个公开的、国家的庙，就从私转成公，这是一个极大的转变。后面我们会另外再讲讲这个转变的影响。

孔庙通常都有一些定制，第一个必须有的是“牌坊”，牌坊上会写字，像曲阜孔庙就有；以及曲阜跟台北孔庙都有的“万仞宫墙”（不过台南孔庙就没有）。另外还要有“棂星门”“泮池泮桥”，这两个据说是跟风水有关，虽然“泮”有学术的意思，但

① 干春松《制度化儒家及其解体》第 20 页，北京：人民大学出版社，2012 年。

台南孔庙大成殿

高雄孔庙大成殿

当然池水也有消防的用意。

还没到“大成殿”之前，有个门叫“大成门”，进门之后则有“东西庑先贤先儒”位在两侧。一般来说，你进孔庙要从右边进去，然后走进右边的厢房（就是东庑），不能直接穿过去，那是没有文化人的才会做的。

“大成殿”里，祭祀了孔子跟“四配十二哲”。四配十二哲其实就涵盖了《论语》里面的“四配十哲”，但原来就只有十个人，孔庙的十二哲是后人加的，《论语》是比较前面就有的，两者的概念不是等同的。实际上，孔门也应该是“四科十哲”而已。

孔庙里还会有个“崇圣祠”，以前叫启圣祠，是祭拜孔子的五世祖先。中华文化很强调慎终追远，孔庙里之所以有崇圣祠，含义是有这些人才有后面的孔子；孔子很伟大，所以他的祖先也很伟大。不同孔庙的崇圣祠位置也有所不同，像台湾孔庙的崇圣祠是在大成殿后方，而山东曲阜的孔庙则是在大成殿旁边，这是因地制宜，例如空间不同的时候可以调整位置去符合配置。

崇圣祠旁边通常有一个讲学的地方，叫作“明伦堂”，这些名词跟配置几乎都是固定的，再有一些加加减减的东西，例如台南孔庙还有一个小阁，叫回心阁，是一个有两三层楼的小亭子。

崇圣祠的东西两侧又摆了十人，各是“东配先贤”和“西配先贤”。这里有个古怪的状况：崇圣的祠堂里却摆了后辈和后人，是不是有点混乱？但这是有原因的，我们到下一段落再详细说明。这里先介绍进入崇圣祠的先贤有哪些人？

“东配先贤”或说“东从先儒”，总共有六位，包括颜渊的父亲颜无繇，孔子同父异母的哥哥孔孟皮（孔忠之父），孔子的儿子孔鲤（子思之父），蔡沈（朱熹弟子，著有《书经集传》）的父亲蔡元定，周敦颐（宋朝儒学家）的父亲周辅成，程颢和程颐（宋朝理学大师）的父亲程珦。

我刚开始看到孔鲤的时候想说奇怪，崇圣祠里面怎么会有他？后来才想到四配里有子思；所以孔鲤不是因为是孔子的儿子入祀，而是因为他是子思的爸爸。

西边的则是“西配先贤”或称“西从先儒”，共有四位，包括曾子的父亲曾点、孟子的父亲孟激、张载的父亲张迪、朱熹的父亲朱松。曾点是孔子的学生，却因为是曾子的爸爸才被摆在这里，以子为贵；所以当父母的到后来很容易失去自己，是以后代的光荣为光荣。

台北孔庙大成殿

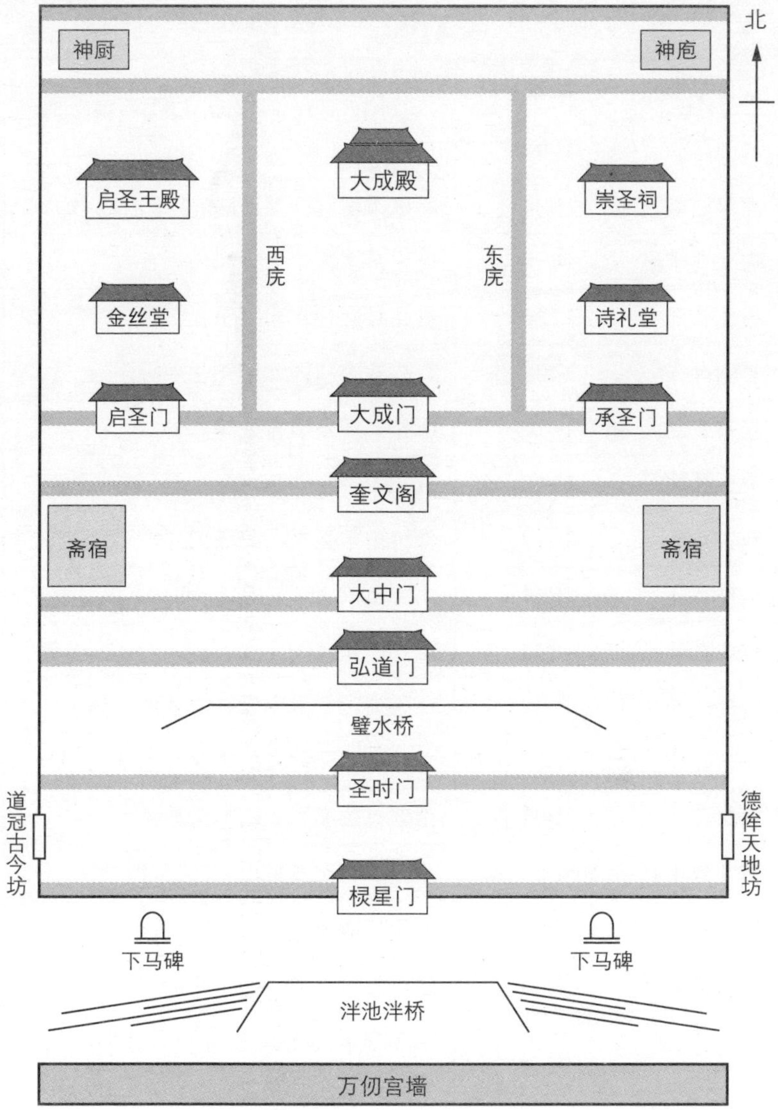

山东曲阜孔庙平面示意图

表7 台湾地区孔庙一览表（依创建日期排序）

名称	创建日期	地址
台南孔庙	1666	台南市南门路二号
高雄旧城孔庙	1684	高雄市左营区莲潭路 47 号旧城小学内
嘉义孔子庙	1686	嘉义市东区中山公园内
彰化孔庙	1726	彰化县彰化市永福里孔门路 31 号
澎湖孔庙	1766	湖县马公市西文里文化中心附近
鹿港文武庙	1812	彰化县鹿港镇青云路二号
屏东孔庙	1815	屏东市胜利路 38 号
新竹孔庙	1817	新竹市东区中山公园内
南投孔庙	1831	南投市崇文里文昌街 140 号
宜兰孔庙	1868	宜兰市新兴街
台南敦源圣庙	1882	台南县归仁乡忠孝路旁敦源圣庙
罗东孔庙	1900	宜兰市罗东震汉民里北成街 8—2 号
苗栗孔庙	1901	苗栗县头屋乡象山村文昌祠
苗栗象山孔庙	1901	苗栗县头屋乡象山村孔圣 39 号★
埔里孔子庙	1926	南投县埔里镇清心里南兴街 381 号
日月潭文武庙	1934	南投县日月潭北面山腰上
台北孔庙	1939	台北市大同区大龙街 275 号（台北大龙峒保安宫隔壁）
花莲凤林小学孔子祠	1950	花莲县凤林镇中正路二段一号花莲县凤林小学内

续表

名称	创建日期	地址
佳里昭清宫	1966	台南县佳里镇安西里 118—2
台中孔庙	1974	台中市北区双十路二段 30 号
高雄孔庙	1976	高雄市左营区莲潭路 400 号
桃园孔庙	1985	桃园市公园路 42 号虎头山风景区内
旗山孔庙	1985	高雄县旗山镇中山公园内
南安小学孔子祠		台南县安定乡南安村 62 号
海滨小学孔子祠		屏东县东港镇丰渔里丰渔街三四之二号
大观书社	1963	新北市板桥区西门街 5 号
太和宫		新竹县关西镇东兴里大同路 30 号
台南归仁孔庙		台南县归仁乡忠孝路旁敦源圣庙

注：1. 本表参考“台北市孔庙儒学文化网”制作。

2. ★经作者实地查访，苗栗象山孔庙与苗栗孔庙为同一座。

从这里可以看出，入选的标准在于他们是推广儒学的知名人物的父亲，把这些父亲们都摆在一块。其实这没有太大意义，难道没有入选的其他人物的父亲都不重要吗？况且孔庙只祭祀男性，这是中华文化里以男性祖先为主的表现，也是由于那个时代男人就代表一切。也难怪现代的女性主义者看得非常不爽，不想去孔庙也是有点道理。

我觉得孔庙应该把女性，比如孔妈妈也加进去，孤阴不生，独阳不长嘛，孔妈妈也该入庙才是与时俱进！

圣事崇拜：独尊儒术

什么是圣事崇拜？比如汉朝的时候开始独尊儒术，就是一种圣事崇拜。据说独尊儒数是受到董仲舒的影响，但从此，中国的学术就步入了一个惨淡期，因为没有百家争鸣之后，什么东西都是一言堂，对于儒家的解释也走入了死胡同，只有固定的、官方的、死板的解释，这都是独尊儒术的流弊。

虽然独尊的好处是儒家受到很大的重视，但坏处是那么大的地方只有一种思想，这是极大的危机。思想本就应该自由、开放，让大家的思想能互相竞争，在这过程中，没有一种思想能够占上风。因为一旦让一种思想占了上风，便容易走向腐化、变成教条，也容易变成宗教，让人失去思考力，甚至只要有人有不一样的想法、违反思想，就很容易变成叛徒，这对思想发展都不是好事。

好比在西方的科学史上，许多重要科学家如伽利略、哥白尼，都被当时的教会视为异端分子，伽利略直到几百年后才被教皇赦免。但你觉得这需要赦免吗？仅从宗教的理由而反对科学上的发现或观点，这就是思想的死板，也是最大的流弊。

如果儒家变成这样，也会是一个流弊，因此今天大家对儒学的冷淡，某种程度现在也是一种逆反，觉得儒家没有意思，已经距离自己的生活太远了。

另外，把《四书》《五经》圣化也是圣事崇拜的一种。方法很简单，就是它变成考试的标准；只要是考试的标准，在中华文化里就代表那本书会大卖。

圣人崇拜：封孔

圣事崇拜之后还有圣人崇拜，这部分就包括了“儒行”。在汉朝《礼记》里有一篇《儒行》，这篇文章非常重要，在我读高中的年代还被当作语文课本来念，里头规定儒者应该怎样怎样，也标举了儒者高超的道德标准，但那个标准实在高超到很难很难。

再来是皇帝开始敕封孔子，但为什么要封孔子？因为孔子虽然号称是殷人的贵族后代，但说穿了还是一介平民，所以得要先封王，这样皇帝去拜他才有道理。

而且刚开始，孔子是跟周公并重，像东汉明帝把周公叫作“先圣”、孔子叫作“先师”，但后来有了转变，好比到了魏晋南北朝至隋大业年间，是以孔子为“先圣”，颜渊为“先师”。在这时，孔子就把周公干掉了，于是周公变成了做梦才梦到的人。所以各位将来穿越的时候，别忘了要看清楚是什么朝代，你才知道谁是先圣、谁是先师。

接下来在唐朝初年，又再度以周公为先圣，以孔子配享；配享又称为从祀，意思是一起受到祭拜，是种 1+1 的概念。唐朝对周公还是比较重视的，认为他制礼作乐，才是文明的奠基者。直到了唐高宗永徽年间，又回到以周公为先圣，孔子为先师。不过严格来说，唐朝其实比较尊重道家，对儒家没有太大兴趣，包括对《论语》注解的人也很少。一直要到从唐高宗显庆二年，才开启了孔子独大的时期，再一次称孔子为“先圣”后，成为后世定制。

至于孔子封号的完整演变，可以参照下页“表 8”的说明。

这里有件事情可以拿出来讲一下，就是在表格中有提到，1381 年以孔子的木主取代了塑像。但过去会有塑像是由于佛教的关系，尤其魏晋南北朝时佛教盛行，于是也跟着做塑像，有的是泥像，有的是金身。那时很多人开始塑孔子像，可其实谁也没看见过孔子。

曾经有不知是孔子第几代的子孙说，顾恺之画的孔子比较像。可他虽然是孔子的后代，也没看过祖先长怎样吧？那时候有照片吗？也没有啊，可是因为他是孔子的后代，好像他讲了算。至于流传很广的吴道子画的孔子像，据说不太像，把孔子画得太矮。不过如果你要看矮的孔子，可以去新竹孔庙，在广场上就有一个矮孔子，腿很短。我之前去看到的时候，一度觉得：“这孔子跪着吗？”旁边的人还说：“哎哟，这孔子好矮！”我只好开玩笑说：“大概是因为经费不够，所以膝盖以下就没塑了。”

表8 孔子封号演变

公元	朝代年号	孔子封号
1	西汉平帝元始元年	褒成宣尼父(《汉书·平帝纪》)
492	后魏高祖孝文帝太和十六年	文圣尼父(《魏书·孝文纪》)
581—604	隋文帝	先师尼父
628	唐太宗贞观二年	先圣
637	唐太宗贞观十一年	宣父
657	唐高宗显庆二年	先圣(《唐会要·褒从先圣》)
666	唐高宗乾封元年	太师
684	唐中宗嗣圣元年	隆道公(张岱年) 文宣王(方觉慧)
690	武则天天授元年	隆道公
739	唐玄宗开元二十七年	文宣王
1008	宋真宗大中祥符元年	元(玄)圣文宣王
1012	宋真宗大中祥符五年	至圣文宣王
1307	元成宗大德十一年	大成至圣文宣王
1381	明太祖洪武十四年	孔子木主取代塑像，由宋濂提出(朱鸿林)。
1382	明太祖洪武十五年	全国普祀孔子(朱鸿林)
1530	明世宗嘉靖九年	至圣先师 全国设启圣祠[清雍正元年(1723)年后改为崇圣祠] 孔子子孙袭衍圣公

续表

公元	朝代年号	孔子封号
1645	清世祖顺治二年	大成至圣文宣先师孔子
1657	清世祖顺治十四年	至圣先师
	清	大成至圣孔夫子

注：本表根据方觉慧《孔子编年记》（台北：中华丛书，1958 年出版）、张岱年主编《孔子大辞典》（上海：上海辞书出版社，1993 年）、朱鸿林《孔庙从祀与乡约》（北京：生活·读书·新知三联书店，2015 年）绘制。

而吴道子的孔子画像似乎配了一把剑，但也有人说那是拐杖，可以打人的。那个是孔子的配件，方向是由前到后或是由后到前，有两种不同的款式。而手的摆放方式也有不同，有个是两只手掌都朝上，也有一只朝上一只朝下，称为“阴阳和合”的，剑跟手势也是看孔子像的要诀。

不过无论是哪一种，绝大多数的孔子像大多不会露齿，只有少数画像会露齿，像是“暴牙孔子”。另外还有孔子做大司寇时的画像，那脸上的胡子画得像张飞（我们想象中的张飞）。你说这是孔子吗？很多人一定觉得不像，因为一般人觉得孔子应该是温文儒雅，但其实这都是后人想象出来的！

因此那时候为什么要用木主取代塑像？这是由明朝政治家宋濂提出来的，据说有两个理由，第一个是因为大家画的都不一样，会引起人们混淆，所以废掉塑像，变成木主。可是变成木主的坏处呢，就是没有办法看着一个形象，然后产生心生向往的感受，少了一个向往的功用。

第二个理由是，因为佛教是外来的，塑像是跟着佛教传入的外来传统，中国人当然要用回原有的木主，或说是神主牌。然而也因为改成木主之后，孔庙里面看起来好像都是神主牌位，不觉得很阴森吗？感觉可以去那边拍鬼片了。

圣家庭崇拜：孔府

“衍圣公”是孔子嫡系后裔的世袭封号，而原本孔庙定制的“启圣祠”，到了清雍正元年（1723 年）则改成了“崇圣祠”，开始祭拜孔子的五世祖；这五世祖包括肇圣王木金父公、裕圣王祈父公、诒圣王防叔公、昌圣王伯夏公、启圣王叔梁纥。

孔家衍圣公世系至今，嫡系第八十代也已经出生，是吉尼斯世界纪录中“最长的家谱”。这一脉下来的过程中，有个故事可以说一下。在南宋建炎二年（1128年），因为金人南侵，第四十八代衍圣公孔端友便随父亲奉旨前往扬州。在古代，君王要逃到哪、要迁都，第一个要带的就是孔圣人，因为把孔圣人带着相当于带着道统；就像国玺一样，只要带着，全天下没人能否认你的正统性。这在现代人看来或许有点荒谬，但在以前，谁拥有衍圣公，谁就是王朝的统治者。

南宋时的孔家后来在衢州建立家庙，奉祀孔子和亓官夫人楷木像，像曲阜一样，是为“孔氏南宗”。接下来，南宋宝祐八年（1253年），准衢州知州之请，拨款三十六万缗，命仿曲阜孔庙之制，在衢州城东北角的菱湖新建孔氏南宗的家庙。那个家庙整体格局跟曲阜很像，只是地方狭窄一点。

南宋在南方弄了孔氏南宗家庙，那北宗的家庙呢？在阜昌二年（1131年），金兵入主中原，建立了“齐”政权，刘豫（被金朝册封为齐皇帝）封孔端友的弟弟孔端操之子孔璠为衍圣公，主持曲阜孔子林庙的祭事。接着金熙宗在天眷二年（1139年），依然封孔璠为衍圣公，是为“孔氏北宗”。

这时候，南北分立了。孔家碰上政治有时也相当无奈，南北分立哪一边是真的呢？如果真要讲究，当然是南宗这边，北宗基本上就不是嫡长子。

到了宝庆元年（1225 年），宋兵收复山东时，曾以孔元用为衍圣公，隔年改以孔元用之子孔之全为衍圣公。当蒙古族政权占领曲阜后，也承认了衍圣公孔之全的身份。于是在同一时期，形成了南宋、金及元三家朝廷各有一个衍圣公的局面。只是元太宗五年（1233 年），当元朝攻下金京汴都，金人所封的衍圣公孔元措又被元朝命为衍圣公，曲阜的衍圣公孔之全则被改任曲阜县令，并由子孙世袭，不再与衍圣公职位有关联。这时候就知道谁的辈分是对的。

元朝统一中国后，有大臣上书元世祖，认为孔氏南、北二宗应只有一个衍圣公作为正统世袭皇封，按照“大宗之法”，应由孔子嫡传后裔、这时寄寓衢州的衍圣公孔端友的后代袭封。元世祖采纳了，钦定南宗为衍圣公，并让他返回曲阜奉祀。

然而，元至元十九年（1282 年），南宗的第六代衍圣公孔洙奉元世祖诏入京，对皇帝面秉自己的六代先祖均葬于衢州，且建有衢州家庙，自己又有老母，实不忍弃离衢州祖庙、返回曲阜，表示愿将衍圣公的爵位让给北宗的族弟孔治，而自己乞请准予返回衢州奉养老母。元世祖对此大加赞赏，称孔洙“宁违荣而不违亲，真圣人后也”，遂准其所请，免去“衍圣公”称号，改任为国子监祭酒、承务郎，兼提举浙东学校事。

到了现代，“衍圣公”也演变为“大成奉祀官”。不过这个职位世袭其实也有点尴尬，因为大成奉祀官是个官名，一个在民主时代的封建官名，而不是通过选举而担任的职务。

说到大成奉祀官的世袭化，我个人认为孔子绝对不喜欢这个传统，因为他那样推崇尧舜，并不追求血缘世袭制。选贤与能、讲信修睦，大家要靠才能来拼，谁有才能，谁就在这位置上服务，我想孔子基本上是抱持这样的观点。依此来说，大成奉祀官的世袭制度不是孔子会喜欢的制度，太强调血缘了，而且要内系的血脉才有资格，这距离孔子的思想非常远；如果孔子还在，他绝对不会发明这个传统。

何况到了民主时代，世袭的观念不仅违背孔子的想法，也违背民主精神。我认为大成奉祀官应该是民选的，这样才有意义嘛！

从家族走向天下
——孔庙的祭祀与演变

从祀孔庙的制度是从唐朝开始，也是在这个时期，孔庙从孔家的家庙演变成国庙，被扩展到天下。孔庙里也不只祭祀孔子及孔家人，从弟子到后人如何进入孔庙、成为从祀的变化也是一个值得关注的部分。

孔庙到底祭拜了多少人：从祀的演变

所谓从祀，是在古代的庙里仅次于主要祭祀对象（也就是孔子）、与其有密切关系的常设对象。关于孔子弟子跟后儒从祀孔庙的算法有几个，根据“中研院”院士黄进兴的算法，计有一百七十一人[①]与一百八十二人[②]两种；我也曾经计算过台北孔庙是有一百八十六人。

历代孔庙从祀过程发生过的大事与改变，大概可以从第194—198页的“表9”看出。

---

① 黄进兴《优入圣域：权力、信仰和正学性》第303—311页，台北：允晨文化实业股份有限公司，1994年。

② 黄进兴《皇帝、儒生与孔庙》第134页，北京：生活·读书·新知三联书店，2014年。

表9 历代孔庙从祀过程

公元	朝代年号	增祀	废祀	备注
628	唐太宗 贞观二年	孔子独称“先圣”		原来周公和孔子并称“先圣”。
647	唐太宗 贞观 二十一年	奉祀二十二位“先师”: （东周）卜子 （东周）公羊高 （东周）左丘明 （东周）穀梁赤 （汉）伏胜 （汉）孔安国 （汉）毛苌 （汉）杜子春 （汉）郑重 （汉）郑玄 （汉）高堂生 （汉）董仲舒 （汉）范宁		从祀孔庙制度正式开始。
720	唐玄宗 开元八年	孔门十位弟子，入祀大成殿，称“十哲”: （东周）曾子（曾参） （东周）闵子（闵损） （东周）冉子（冉雍） （东周）端木子（子贡） （东周）仲子（子路） （东周）冉子（冉耕） （东周）宰子（宰我） （东周）冉子（冉求） （东周）言子（子游） （东周）子夏（卜商）		十哲

续表

公元	朝代年号	增祀	废祀	备注
739	唐玄宗 开元 二十七年	（东周）端孙师（子张） （东周）有若 （东周）林放 （东周）原宪（原思） （东周）南宫适 （东周）商瞿 （东周）漆雕开 （东周）司马耕（司马牛） （东周）梁鳣 （东周）冉孺 （东周）伯虔 （东周）冉季 （东周）漆雕徒父 （东周）漆雕哆 （东周）公西赤（公西华） （东周）任不齐 （东周）良孺 （东周）公肩定 （东周）鄡单 （东周）罕父黑 （东周）荣旂 （东周）左人郢 （东周）郑国 （东周）原亢 （东周）廉洁 （东周）叔仲会 （东周）公西舆如 （东周）邽巽 （东周）陈亢 （东周）琴张		子张、有若从祀成十二哲之一。

续表

公元	朝代年号	增祀	废祀	备注
739	唐玄宗 开元 二十七年	（东周）步叔乘 （东周）秦非 （东周）颜哙 （东周）颜何 （东周）蘧瑗（蘧伯玉） （东周）澹台灭明 （东周）宓不齐 （东周）公冶长 （东周）公皙哀 （东周）高柴 （东周）樊须 （樊迟） （东周）商泽 （东周）巫马施（巫马期） （东周）颜辛 （东周）曹恤 （东周）公孙龙 （东周）秦商 （东周）颜高 （东周）壤驷赤 （东周）石作蜀 （东周）公夏首 （东周）后处 （东周）奚容箴 （东周）颜祖 （东周）瞿井疆 （东周）秦祖 （东周）县成 （东周）公孙句兹 （东周）燕伋		

续表

公元	朝代年号	增祀	废祀	备注
739	唐玄宗 开元 二十七年	（东周）乐欬 （东周）狄黑 （东周）孔忠 （东周）公西蒧 （东周）颜之仆 （东周）施之常 （东周）申枨 （东周）秦冉		
1084	宋神宗 元丰七年	（周）孟子 （唐）韩愈		孟子成为大成殿四配之一。
1104	宋徽宗 崇宁三年	（宋）王安石		史上首次有本朝人配祀，说他的成就是“优入圣域，百世之师”。（这在后代看非常讽刺，但在当时没人敢讲话。）
1108	宋徽宗 大观二年	（东周）子思子（孔伋）		成为大成殿四配之一。
1113	宋徽宗 政和三年	（宋）王雱（王安石子）		他的功劳是“助父著书”，帮他父亲写书。
1177	宋孝宗 淳熙四年		（宋） 王雱	
1241	宋理宗 淳祐一年	（宋）朱熹 （宋）张载 （宋）程颐		

续表

公元	朝代年号	增祀	废祀	备注
1584	明神宗 万历 十二年	（明）胡居仁 （明）陈献章 （明）王阳明		王阳明从祀历经十八年，四次激辩。赞成他的人认为理所当然应该要进入，反对他的人认为他祸国殃民，把他放在里面，这还有天理吗?
1747	清高宗 干隆 十二年	（东周）有若		成为大成殿第十二哲。
1919		（清）颜元 （清）李塨		徐世昌总统的命令。为目前最后两位从祀者。

注：本表根据黄进兴《学术与信仰：论孔庙从祀制与儒家道统意识》，并参考朱鸿林《孔庙从祀与乡约》增补绘制。（资料如有冲突，以黄进兴为主）

孔庙从私人的家庙变成了国庙后，出现了一些混杂的状况。理论上来说，崇圣祠比较伟大，但崇圣祠里有孔子的后辈有点不太合理，只能说孔庙会出现这样的状况，是有其历史上的演变，所以不能太计较。

原来在唐朝时，孔子旁边只配有颜渊，因为他常常跟着孔子，于是颜渊的位置非常高。而且颜渊最早叫亚圣，只是到了宋朝时觉得孟子很伟大，也开始叫孟子为亚圣；结果亚圣了半天，孟子后来就真的变成了亚圣。现在问亚圣是谁？答案也是孟子，可如果是在唐朝，这个答案就是颜渊。如今颜渊被称为复圣，表示他可以做到“克己复礼为仁”的境界。

孔庙原先也没有四配，只有颜渊一个人，后来加了孟子。在宋朝时也一度加过王安石，因为当时的王安石在朝堂上权高权重，觉得自己伟大到不行，所以叫儿子王雱写了一篇文章，说我父亲很伟大，不把他摆在孔庙里面没道理。然后王安石也为王雱写了一篇。这父子只是互相吹捧，真有那么伟大吗？当然没有，所以王安石下台后，这个事情马上就不见。宋孝宗淳熙四年（1177 年），王雱更成为第一个从孔庙被罢祀的人。最后四配就成了颜渊、曾子、子思、孟子四人。但孟子成为四配也很尴尬，因为孔子不认得他啊！

十二哲原来也只有十哲，就是先前提过的孔门四科十哲。或许是大家觉得十哲并不是一个完整的名单，也或许是觉得有些弟子如子张，在《论语》里也出现很多次，怎么不在十哲里面？是子张人缘不好吗？还有有若也是，他的想法也很符合孔子的想法，但有若为什么也没在里面？因此认为十哲应该不是完整名单，于是后来演变成十二哲。

只是加进去的人之中，还是有孔子不认识的人。刚讲的四配中，孟子是孔子不认识的人，至于十二哲里面，孔子不认识的人是朱熹。把朱熹放进去，纯粹是明朝以后的人觉得朱熹很重要，尤其从元朝开始，朱熹的《四书章句集注》就成了考试唯一的参考书，可见他的当代影响力非常大。

谁能入庙：从祀的标准

什么样的人有资格被摆在孔庙里？像我这样的人有资格吗？这问题我很关心，所以就找了一下资料，发现这些被摆进去的人都是对孔学有贡献、品格要好，像是根据《台北市弘道祠入祀要点》第三条："对大台北地区的教育、文化有具体卓越贡献、德术兼备，且逝世五十年以上者，经审议通过后得入祀弘道祠。"弘道祠是孔庙旁边的小屋子，还不是东西庑，所以我要死了五十年以后才有机会进去，但死后五十年谁会记得我呢？

至于从祀的既有条件也有争议，这条件包括要有著述出版、道德行为，甚至是政治立场。除了著述出版外，其他道德行为跟政治立场其实都不太好说，就算跟当时的政治立场相符，也不知道未来的政治立场是怎么一回事呀？就像王安石父子的罢祀，和宋元时期理学家吴澄的从祀、罢祀与复祀，都是受到政治立场的影响。有人争论吴澄没有为汉族而死、没有气节，怎么能入祀孔庙？

香港学者朱鸿林曾提到："（吴澄）卒后一百零四年获得从祀（明宣德十年，1435 年），从祀了九十五年而遭罢黜（明嘉靖九年，1530 年），罢黜了两百零七年获得恢复从祀（清乾隆二年，1737 年）……明朝尊崇程朱道学，却在中叶时否定了原先被肯定为有功于程朱之学的吴澄，事情之异于寻常，显而易见。而令吴澄的崇黜情状更形曲折的则是，同样尊崇程朱道学的清朝，在其鼎盛之时竟又恢复了吴澄的从祀地位……明人的仇元朝、反异族统治的情结，是吴澄被罢黜孔庙从祀的症结所在。明乎此点，则清廷之终于为他恢复地位之事也就属于情理之内的事了。"①

汉人觉得他是汉人还帮着"夷狄"，哪有资格进入孔庙？就把他废了；当"夷狄"统治时又觉得这个人是有功的，再把他摆了进来。这就是政治立场的决定。另外，王阳明从祀也有过争议。

从祀由谁决定？

至于孔庙从祀与否由谁来决定？根据朱鸿林的研究显示，第一个，皇帝可以作最后决定；但皇帝也不是唯一决定的人，通常会召开会议请大臣发表意见。

"孔庙从祀的政治性太大，大到超出了皇帝个人的控制范

---

① 朱鸿林《孔庙从祀与乡约》第 23、85、121 页。

围，皇帝个人不可能操控，所以会有廷议和整体官僚士大夫的关怀。”[①]

大臣当然会有左右不同的意见，就像现代人在facebook上吵架一样，这不同的意见要考虑到整体官僚士大夫的关怀。

无论孔子本人的意愿为何，他终究是因为后人的某些政治或统治手段需求，塑造了他在中华文化上的重要性与地位；而孔庙更是历史上少数受到统治者指定，由家庙变成国家的庙宇。虽然推崇孔子是肯定他对文化贡献的一种方式，但这种以政治的力量来左右人民思想，甚至独尊一家的做法，恐怕也不是孔子所乐见的。

---

① 朱鸿林《孔庙从祀与乡约》第23、85、121页。

柒

7

崇拜他还是打倒他

——人人心中都有一个孔夫子

子曰

“学而时习之，

不亦说乎？”

时代如何看待孔子
——历代的尊孔和反孔

前面说过，在孟子甚至更之前的时代，已经有人把孔子高捧为圣者，或是说他多能；但也有人说他不如子贡，是知其不可而为，所以在孔子活着的时代，人们对他的评价是有褒有贬。

而从公元前到 21 世纪，也起过几波经历过尊孔与反孔的浪潮，究竟我们该如何看待孔子的思想与中华文化？关于这一点，我想从一些尊孔与反孔的观点谈起，再来探讨我们对孔子的思想可以保有的态度。

继承者们：孟子与荀子

这一段，我会聚焦在特别捧高孔子、自认为是孔子继承者的孟子身上。因为我觉得让孔子思想离开一般人的境界、升得太高而有距离的人，就是孟子。

我稍微整理了《孟子》里提到孔子的部分，作了对照，有些话并没有在《论语》出现，像是《孟子·公孙丑上》提到，孔子曰："德之流行，速于置邮而传命。"意思是他认为道德感化有立即的影响力，只要有一个人有德，道德的传染力是很高的啊！会比以前的消息传递还快。我想孔子要是活在现代一定会说，德的流行跟光速一样快！

另外，同样在《孟子·公孙丑上》说：“孔子兼之，曰：‘我于辞命则不能也。’”这也没有出现在《论语》里。

然后孟子说“五百年必有王者兴”，他希望自己就是那个继承传统、继承道统的人，接着韩愈再帮他推了一下，于是孟子就真的变成儒家的继承者。所以孟子其实是从毛遂自荐开始，后来才变成大家都恭维他。我个人觉得这是很不好的事情，起码荀子应该跟他并列才对。

然而孟子说自己跟孔子的关系，也非常有意思，在《孟子·公孙丑上》说：“治则进，乱则退，伯夷也。何事非君，何使非民；治亦进，乱亦进，伊尹也。可以仕则仕，可以止则止，可以久则久，可以速则速，孔子也。”

他说，孔子是一个变化非常强的人，这里是指孔子的“时”的概念；什么时候该怎么样，则是“权”的概念。接下来，“皆古圣人也，吾未能有行焉；乃所愿，则学孔子也”，孟子的意思是，如果可以，他希望学的是孔子，而不是伯夷、不是伊尹[①]。

之后，孟子还说：“宰我、子贡、有若智足以知圣人。污，不至阿其所好。宰我曰：‘以予观于夫子，贤于尧舜远矣。’子贡曰：‘见其礼而知其政，闻其乐而知其德。由百世之后，等百世

---

① 伊尹：名挚，商朝名相，是相当具有才干、睿智、品性的政治家，最重要的功绩是辅佐商汤起兵灭夏，建立殷商帝国，并辅佐商朝五代帝王。同时也是一位厨艺家，精通烹饪理论及手法，被称为中华厨祖。

之王，莫之能违也。自生民以来，未有夫子也。’有若曰：‘岂惟民哉？麒麟之于走兽，凤凰之于飞鸟，太山之于丘垤，河海之于行潦，类也。圣人之于民，亦类也。出于其类，拔乎其萃，自生民以来，未有盛于孔子也。’”

宰我、子贡、有若都是孔子的弟子，这些人聪明的时候可以比得上老师，但情况不好的时候，也不会随便拍人家马屁。最后说“圣人之于民，亦类也。出于其类，拔乎其萃，自生民以来，未有盛于孔子也”，圣人跟老百姓都是同类，只是他出类拔萃，跟一般人不同，于是自生民以来，未有盛于孔子也。所以后来不论是曲阜孔庙或是台南孔庙，都有“生民未有”的匾额，典故就是从这里而来，表示孔子是历史上第一人。

可要是按照孟子的说法，“生民未有”表示孔子出乎其类、拔乎其萃，那我们其他人怎么可能做到孔子这一步？但孔子认为可以啊，只要是人，只要努力就可以！我孔某人做得到的事情，你们一定都做得到。这是孔子的观念，但到了孟子就演变成只有孔子做得到，我们都做不到啊！

于是孟子这一捧，让孔子离你我都非常遥远。如果他不这么捧，告诉你老师都考得上，你也考得上，多努力就行！那就不一样，孔子就是在你旁边，而不是离你很远的人。

我觉得孟子啊，有时候把孔子捧得太高，就远离了群众。

另外在《孟子·离娄下》曾提到：“予未得为孔子徒也，予私淑诸人也。”孟子说自己很不幸，生得太晚，没办法变成孔子的学生，又说自己可以算是孔子的私淑弟子——没机会碰到，自己跟着孔子的学问学习，希望做他的弟子。后来私淑弟子的说法就是这样来的。

最后，《孟子·尽心下》称：“由尧舜至于汤，五百有余岁，若禹、皋陶，则见而知之……由文王至于孔子，五百有余岁，若太公望、散宜生，则见而知之……由孔子而来至于今，百有余岁，去圣人之世，若此其未远也；近圣人之居，若此其甚也，然而无有乎尔，则亦无有乎尔。”

其实这里“由尧舜至于汤，五百有余岁”，是为了凑五百这个概念；“由文王至于孔子，五百有余岁”，也是为了五百这个数字，不然难道期间都没能人了吗？孟子不过是为了凑个五百才这样说。

可是，“由孔子而来至于今，百有余岁”，刚刚不是说要等五百年吗？怎么轮到接下来要说自己的时候又不一样了？“然而无有乎尔，则亦无有乎尔”，这里表面上说是没有那种见而知之者，但你觉得孟子是讲没有吗？他当然讲的是自己，就是我啊！是我啊！字里行间就是这个意思，孟子觉得自己是孔子的传人。

然后《荀子》的文章、书里提到孔子讲的话，也都没有在《论语》出现过，可能是人家没收录进去。因此在先秦古籍里面，其实孔子还说了很多话，或者以孔子之名说了很多话，但都没有收在《论语》里面。

可我觉得荀子对于礼的重视，特别能抓到孔子的精神，而孟子则是对于心、对于内在的重视，有抓到孔子这种内圣的精神，因此孟子与荀子都不可偏废。

其他还有墨子、韩非对于孔子也有很多批评，但我读得不多，也不多做讨论了。如果对他们的意见有兴趣的话，可以找一本白话的翻译看一看，对照一下。

反对者们：太平天国与五四运动

历史上最有名的反孔事件，就是碰到孔庙就烧杀掳掠的太平天国，因为太平天国对中华文化是非常不屑的，他们受的是基督宗教的影响。其次是在五四运动时期，那时候有个口号是“打倒孔家店”，他们认为像陈独秀这样的人，或者胡适认为像吴虞这样的人是“四川省只手打倒孔家店”的老英雄[①]，还有吴稚辉先生主张要把线装书丢入茅厕。

根据中国历史学者张卫波的整理[②]，反孔派的主张包括了孔教与帝制（及“复辟”）的相互关系、孔教与独尊孔教、孔子之道不合现代生活。

第一，孔教与帝制（及“复辟”）的相互关系。那时，大家认为孔子思想或孔教、儒教都跟帝制有关系，而在五四时期跟张勋“复辟”有关的人，也被认为支持“复辟”的都是支持孔子的人，所以反推回来，跟这些人在一起的孔子也不是什么好

---

① 田苗苗整理《吴虞集》“胡适序”，北京：人民出版社，2013 年。

② 张卫波《民国初期尊孔思潮研究》第 46—49 页，北京：人民出版社，2006 年。

东西。

简单来说，类似于那些人拿筷子，你就不要拿筷子，因为拿筷子都不是好人！可你觉得这种想法合逻辑吗？因为那几个提倡孔子的人跟张勋“复辟”连在一起，就要反对读孔子？其他人也念了孔子就不会这样啊，你干吗都归在孔子头上而不归在提倡的那些人头上？如果只要读孔子的都会信奉帝制，辛亥革命怎么成功的？连孙中山都念《四书》《五经》，怎么还革命呢？这绝对是太偏激的想法。

孔子与帝制的相互关系有其由来，但也是没办法，全世界的思想在某种程度上都受到时代的限制，也在某种程度上能够引领我们超越当下的时代，这正是思想的伟大之处。

第二，孔教与独尊孔教。其实他们反对的是独尊孔教，当时有人不反对孔教，你孔子作为一个像基督教那样，是信仰或生活方式，那是可以的，但独尊就是个坏事。这一点我是赞成的，任何思想都不应该被独尊，独尊就变成宗教，变成一种意识形态。

第三，孔子之道不合现代生活。比如说过去是大家庭制度，确实在五四时代对于追求现代生活，特别是追求自由恋爱的人造成伤害。那时，很多人早年还是受父母之命、媒妁之言而结婚，但到城里去念书之后，就会想追求自己要的恋爱，然后回去把原来的太太给休了，在五四时期的文人中确实有这样的情况。像这种父母之命与自由恋爱的冲突，的确是不能用孔子的观念来看待的地方，毕竟时代跟风气都已经不同。

孔子有些标准确实不适合现代，但有谁规定孔子当时干吗、我们现在就得干吗？比如孝道和礼节，孔子强调的是内心的情感而不是外表的豪华，但不能因为墨子批评说儒家都厚葬，你就认为儒家都厚葬；不能从对手的话来评断，毕竟对手都没好话啊！

文化的两端：尊孔与反孔

既然有反孔的声浪，自然也有另外一派尊孔的浪潮。民国初年，几乎中国各地都有尊孔社团，他们认为孔子是中华文化的根本，这根本如果没了，中华文化就不行了！这种想法跟完全西化的另一派人不一样，好比袁世凯及北洋政府的尊孔与读经教育，以及反对早先废孔读经的教育政策。

但由袁世凯这个政权提倡尊孔读经，那反对袁世凯的人必定要把他推崇的都反了！很多人在反对某件事的时候，就是一竿子打翻，其他都不管，所以他做的事情是对或错，没办法冷静判断；不过等你冷静下来或许会发现，你所反对的东西还是有它的某些道理，你赞成的东西不一定有它的道理。

可惜因为袁世凯赞成读经又恢复帝制，当时的人把这两件事想在一起，便觉得是一样的，却想不到反的应该是袁世凯而不是读经。

尊孔的浪潮也一度提出将孔教定为国教的意见，只是在1917年的5月14日被宪法审议会否决了。毕竟中国实在太大了，有多少个省、多少的意见要整合，从常理判断就知道这是很不容易的事情。

而有人赞成，就有人反对。也有人觉得当时国家之所以落后，就是受到中华文化的荼毒，是千年来的祸害，辛亥革命之后应该要一举把它铲除。

总的来说，根据张卫波的整理，那些尊孔派包括以下的主张：

尊孔以保国保种

尊孔以重建国民道德

孔子之道能够适应现代生活

尊孔需先读经

定孔教为国教①

无论是尊孔或是反孔，这两派人走的都是极端，尊孔的人怎么看孔子都是非常伟大的，反孔的人则是觉得孔子有什么好？那个人封建、讨厌女人、讲的都是权威，把孔子说得一无是处。

从以前到现代，尊或反始终是一个重要的争论，但撇开政治，文化本就是不断融合的过程，好的就会留下来，不好的则会根据不同的需要而改变了。这就是文化的融合。

当初要上这堂课的时候，我也曾考虑过要不要弄一套长袍来穿，但仔细一想，穿那套衣服不就证明孔子是腐朽的吗？我干脆不穿了，反正重要的是我的思想，不是我穿什么；而且再怎么穿，那也不是孔子的衣服啊！

---

① 张卫波《民国初期尊孔思潮研究》第 81—84 页。

今日的挑战：孔子要走向哪里？

这本书的最后一个部分要来讨论，在今日，孔子要走向哪里？到最后，生活在当代，甚至未来的我们，又该怎么看待孔子和他的思想？

不管你喜不喜欢孔子，大部分的人都认为孔子已经深植于中华文化之中，他的思想也不是一个地方性的思想而已。他的思想不只是鲁国的、不只是春秋战国的，甚至不只是中华文化的。所以，如果要说孔子是中国伟大的老人家，他还是世界伟大的老人家。

为什么仍要了解孔子？

先不说从世界的角度，或是从中华文化以外的角度来看，就外国人来看，你们都身在中华文化里，应该对孔子有所了解。如果你生活在中华文化之中，却对孔子一无所知的话，不也挺奇妙的？尤其你既不是基督徒，耶稣的事情不用你来做，同样的犹太人的事情、伊斯兰的事情也不用你来做，所以如果连自己生活的文化都搞不清楚，那你对世界文明还能有什么贡献？

其实读了孔子，也不是一定要喜欢他，但既然在这样的文化之下成长，有所了解，你能更清楚不喜欢孔子思想的哪些地方，以及哪些依然是值得留下的。完全不去了解一个事物，你的世界就只有“大家喜欢的”或者“大家不喜欢的”；愿意去了解，你应该能有些就事论事的独立思考和判断。

我在上课的时候也讲过一些对孔子不满意、不适合现在的地方，在书里也提过好几次了，但我也觉得仍有目前为止还有用的地方，这应该分开来看。

孔子的现代生活，还有未来

孔子不是我们生活的全部，但他的确可以指引我们一个方向，其他呢，还是我们自己要去思考、要去创造的，并不是孔子就能成为我们人生所有的指标——如果你想谈恋爱或想知道怎么谈好恋爱，孔子是绝对不能当你的指标。

但现在有些人对于孔子还是有些迷思，认为他和《论语》可以解决很多事情。就像前面提过的，尊孔的人认为要用孔子重建道德、读经的人不会变坏；现代也有一些儿童读经班在推广，读经是很好，但一个小孩读了经，真的就会变得更好吗？照这个逻辑，那中国历史上也不应该有坏人了，不是吗？我每次都这样质疑。

大家仿佛都活在一种幻想里，认为以前的知识分子、读书人不像现在这么糟糕。你知道“人心不古、世风日下”是什么时候流行的话吗？从明朝末年就开始了，那不也是读经以后的事吗？

所以我不以为读经会让人更好，或者会更不好，应该还有别的因素。就像我不认为读了三民主义，你就会变成三民主义的信徒，读了马克思主义就变成马克思主义的信徒，这是太简单的从A到B逻辑，但中间一定还有别的什么东西。不是读了经，道德就更高尚，不读经也不表示道德不高尚。道德高尚与不高尚，我想还有很多值得深入讨论的地方。

再说经典本身的意思是开放的，就看读的人怎么解释。如果你把经典解释得非常非常死板，就像我以前念中华文化基本教材，我讨厌得要死！说“学而时习之，不亦说乎”，哪有不亦悦乎，悦在哪？每天要复习写考题，我看只有老师开心吧？考题答错要罚写一百遍，名字或哪个字写错也要罚写一百遍，这有道理吗？

所以我常常觉得，孔子能不能适应现代生活？当然可以，但很多事情应该有个弹性，不然读了更讨厌，你也学不到，当然会觉得读这个有什么意义呢？一个思想不能跟世界、跟当下的生活有联结，是没有意义的。

我们应该让孔子看看我们现在这样的生活，快快乐乐、健健康康、活活泼泼的，让孔子看到我们学了文化，文化到现代演变成什么样子，比如在孔庙里跳个街舞、把《论语》编成Rap……他如果不爽就下场雨吧，人就散了嘛，搞不好孔子还笑得很开心呢！

现代生活有现代生活的意义，不是只有孔子那个时代的生活才有意义、那个时代存在的才是文化。当你能赋予新的、现代的意义时，会开始慢慢喜欢他、去了解他，然后自然会希望怎么把这个事情做得更好！

人类要继承的应该是当代最有意义的东西。“生乎今之世，反古之道。如此者，灾及其身者也。”如果时代改变了，人还不跟着改变，必定会碰到大灾难。我觉得孔庙就完完全全展现了孔子的忧虑。

其实台湾地区高中的中华文化基本教材，也是一种独尊儒术，对我来说这绝对是个错误观念。如果要教中华文化，孔子、老子、庄子都可以教，为什么只教《论语》？《论语》是基本、是经典没错，但如果只教《论语》，真的是有一点点太狭隘了。

而我虽然教《论语》、教孔子，但我也知道其他思想家也是文化中很重要的资产，这一点绝不能忽略，如果我因为教孔子就觉得只有孔子好，那教了也是白教。

《论语》有句话说：“攻乎异端，斯害也已。”“攻乎异端”的其中一个解释是，对于那异端就要痛打，不打那异端是不行的。在我来看，这是很跋扈的思想。要知道《中庸》说：“道并行而不相悖，万物并育而不相害。”所以对于“攻乎异端”，我的老师的解释是：“如果去攻击跟你想法不一样的人，这是有害的行为。”我也期待、倾向这样的解释。

我在这本书提出的很多想法，可能不是符合很多人的想象或认知，但这都是可以论辩的。原本人们对于《论语》、对于孔子的解释就不太一样，我只希望自己做到稍微完整的介绍。并不是看完这本书、上网听完我的课，这场认识孔子的旅程就可以停下了。

我想也许你可以每天好好地看一段或抄一段《论语》，看你用哪一个版本，加加减减大概五百多则；也可以多念一点别的书，那么《论语》的价值和意义也可能就显现出来了。如果你更有兴趣的话，可以找一本英文版的《论语》来看，顺便学学英文。

总之，我希望这本书可以带给你文化的思考，而不是一个信仰。我不希望有谁看完书变成孔子的信徒，而是能多思考孔子的想法，思考我们生活的问题，思考文化的问题，甚至世界的问题。孔子不是万灵丹，他能成为一个思想的灯塔，指引方向，但最后还是要由我们去实践它。

更重要的是我们如何从孔子的思想中吸收养分，因为他的东西早已活在我们的生活之中，只是我们没有主动去了解而已。

最后，再回头来看“学而时习之”这句话。“学而时习之”，就是用古人的智慧来启发自己的智慧，让思想能够实践、活用，让我们能够面对生活、面对世界，让我们都变成更好的人，让这世界变成更好的世界。如果能够朝这个目的去想，达到这个目的，我想这就是最大的成功。

结语

我在当学生的时候，要是有一个人穿越了回去跟我说，欸，孙中兴我告诉你啊，你四十年后会开一门有关孔子的课。我一定觉得这个人是神经病，绝对不会认为他是来自星星的谁。

大概到十年前，我都没有想到这件事情，可是有一天，我忽然想，我们教书到底要干吗？而这个疑问来自大约四十年前，跟我的老师问的一个问题非常有关系。当时我拿到教职回台大，老师说：“学生学生，你当学生当了很久，现在回来当老师了，你有没有想过，学生的‘生’是什么意思？”

学生、学生，生是什么东西？现在当了这么多年的老师，我想我可以回答了。很多人当学生学了半天，读得很好，拿到了毕业证书，但到底知不知道自己要干什么？找一个很好的工作是不错，但那只是找到自己的“生涯”。

其实生涯很容易啊，年轻人现在被吓得好像都找不到工作，将来该怎么办？生涯还是小问题啊，当会计师也可以，到 7—11 当店员也可以，只是看你要不要啊！不嫌弃的话，很多业都能就，但就完业以后呢？还有大半人生该怎么活？我觉得大家很少去考虑长远的问题，思考的都是短的问题。

学生的生除了生涯，应该还有“生活”“生命”。人生更大的问题是，你怎么去过生活、希望未来是什么样的？最近几年的中国电影（包括大陆和台湾地区）都一样，大家都很喜欢回头看，前几年出了男生版的高中时代，后来出了一个女生版的高中时代，但我们怎么不往前看？为什么我们拍不出未来片？我们不知道未来该怎么想象，连想象未来的能力都没有，可是孔子有啊，他想象的未来我们都还做不到。

所以孔子离我们并不太远，不是每句话都离我们不远，但大部分的话都不太远的。直到今天，我们还可以跟他学到很多东西，还可以跟他对话"生"最后、最重要的问题：生命要怎么完成？这一生，你想做个什么样的人？

孔子呢，至少在我看到的地方，常常提醒人是有力量的。"譬如为山，未成一篑，止，吾止也；譬如平地，虽覆一篑，进，吾往也。"造山从第一把土、第二把土……由你开始，都是你在做；要进也是你，要停也是你，不关上帝什么事情，也不关谁的事。要完成这件事，只有你做得到。

孔子相信人的主动性，在有意识地了解到种种限制下，提出最高的目标。他是知其不可而为，照现在的标准，他根本就是个傻子。这事情不可能的，你干吗呢，注定失败嘛！孔子当初也感受到了，周游列国半天发现谁也不用他，大国也不用，小国也不用，只是空有理想啊！干脆回家种田然后就算了，理想就放弃了？

没有，有理想的人永远不会放弃。他只是不知道接续理想的人在哪里，但总会有那个人的。

孔子并非天纵英明的人。有的创意并不是无中生有，而是把一些“有”摆在一起，创造一个新的东西。孔子的东西就是这样，他有好的东西值得保留，我们可以尊崇他，但不必亲吻他的脚；他也有不合乎时代的东西，该被淘汰了，但不必因为这样就完全地反对他。我也希望各位拥有这样的精神，通过读完这本书，了解一个思想家的生命历程，能够创造出一个“有”。

我更希望，无论你是学生或者不是，不要修无聊的、营养学分、浪费生命的课，不要做那种做完了根本就没用、你也不在乎的东西，千万不要这样。你所做的每件事，都要对你很有意义，因为我们的所有时间都是不可以浪费的，因为你真的没有多少生命可以浪费。